Trésors ingénieux

L'ENCYCLOPÉDIE AVENTURE

Tant d'inventions, grandes ou petites, drôles ou sérieuses, ont bouleversé nos habitudes de vie et changé le monde !

Voici l'occasion de voyager dans le temps, d'une invention à l'autre, d'un pays à l'autre. Partez, selon votre propre itinéraire et à l'aide de véhicules historiques (parfois loufoques !), à la rencontre de ces trésors ingénieux dispersés aux quatre coins du globe.

Mais attention ! Votre voyage autour du monde ne se limite pas à une simple balade touristique. Pendant votre périple, vous devrez récolter des lettres qui vous permettront de résoudre une énigme...

Catalogage avant publication de Bibliothèque et Archives Canada

Vedette principale au titre : Trésors ingénieux

(L'encyclopédie aventure)
Comprend un index.
Pour les jeunes de 8 ans et plus

ISBN 2-7644-0826-9

1. Découvertes scientifiques – Ouvrages pour la jeunesse. 2. Inventions – Ouvrages pour la jeunesse I. QA International (Firme). II. Collection : Encyclopédie aventure.

Q180.55.D57T73 2005 j509 C2004-941483-6

Trésors ingénieux – L'encyclopédie aventure
est une création de **QA Kids,**
une division des Éditions Québec Amérique inc.
329, rue de la Commune Ouest, 3e étage
Montréal (Québec) H2Y 2E1 Canada
T 514.499.3000 **F** 514.499.3010
www.quebec-amerique.com

Nous reconnaissons l'aide financière du gouvernement du Canada par l'entremise du Programme d'aide au développement de l'industrie de l'édition (PADIÉ) pour nos activités d'édition.

Conseil des Arts du Canada Canada Council for the Arts

SODEC Québec

Gouvernement du Québec – Programme de crédit d'impôt pour l'édition de livres – Gestion SODEC.

Les Éditions Québec Amérique bénéficient du Programme de subvention globale du Conseil des Arts du Canada. Elles tiennent également à remercier la SODEC pour son appui financier.

Imprimé et relié à Singapour. 10 9 8 7 6 5 4 3 2 1 09 08 07 06 05 04

Éditrice
Caroline Fortin

Directrice éditoriale
Martine Podesto

Rédactrice en chef
Marie-Anne Legault

Rédactrices
Geneviève Dorion
Dominique Forget

Designers graphiques
Josée Noiseux
Éric Millette

Mise en page
Jérôme Lavoie
Jean-François Nault

Directrice artistique
Anouk Noël

Illustrateurs
Rielle Lévesque
Carl Pelletier
Marc Lalumière

Documentaliste
Nathalie Gignac

Réviseure-correctrice
Marie-Nicole Cimon

Validation des faits
Stéphanie Lanctôt

Trésors ingénieux

L'ENCYCLOPÉDIE AVENTURE

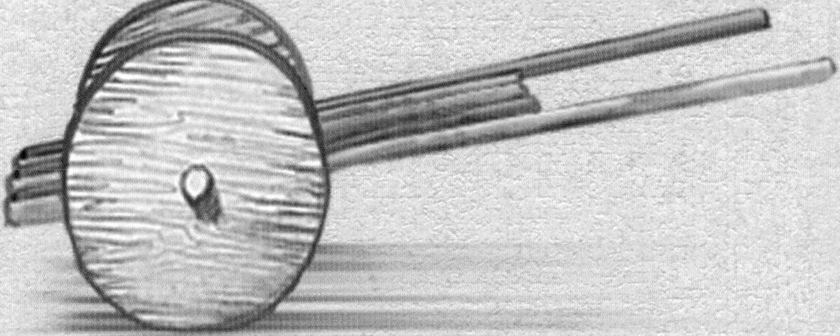

QUÉBEC AMÉRIQUE jeunesse

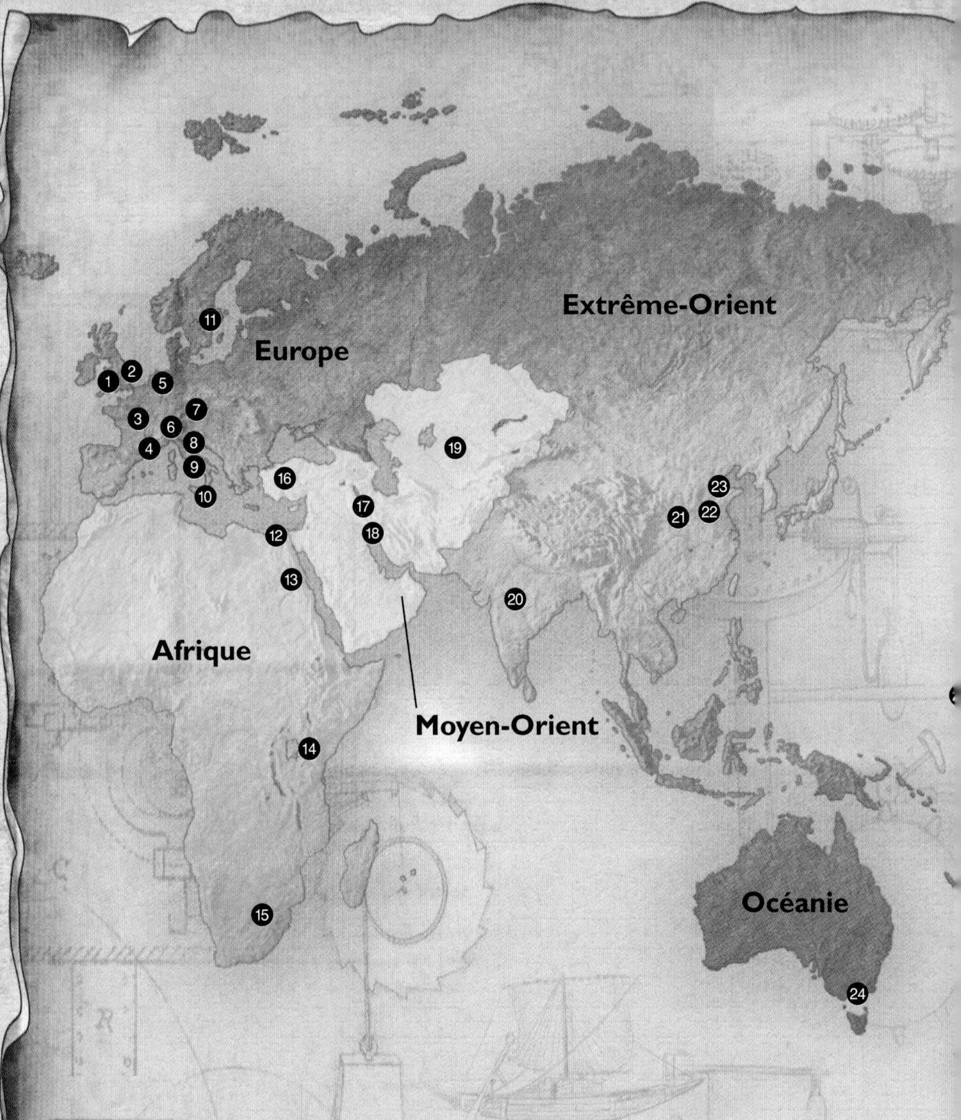

Europe

1. Berkeley, Grande-Bretagne p. 37
2. Londres, Grande-Bretagne p. 107
3. Paris, France p. 23
4. Vallon-Pont-d'Arc, France p. 129
5. Middelburg, Pays-Bas p. 11
6. Lausanne, Suisse p. 85
7. Mayence, Allemagne p. 75
8. Pontecchio, Italie p. 59
9. Florence, Italie p. 151
10. Syracuse, Italie p. 97
11. Bjorko, Suède p. 45

Afrique

12. Alexandrie, Égypte p. 81
13. Edfou, Égypte p. 123
14. gorges d'Olduvai, Tanzanie p. 15
15. Swartkrans, Afrique du Sud p. 137

Moyen-Orient

16. Sardes, Turquie p. 145
17. Kish, Irak p. 29
18. Ourouk, Irak p. 111
19. Baïkonour, Kazakhstan p. 67

Les noms entre parenthèses représentent les noms des villes actuelles.

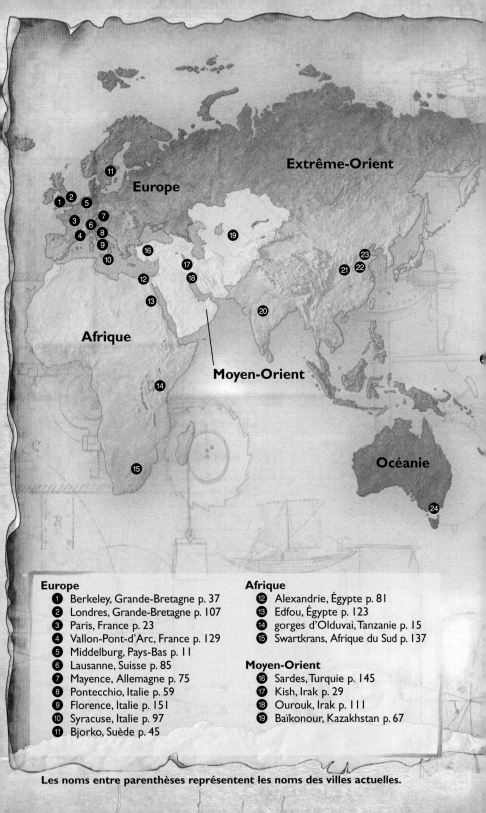

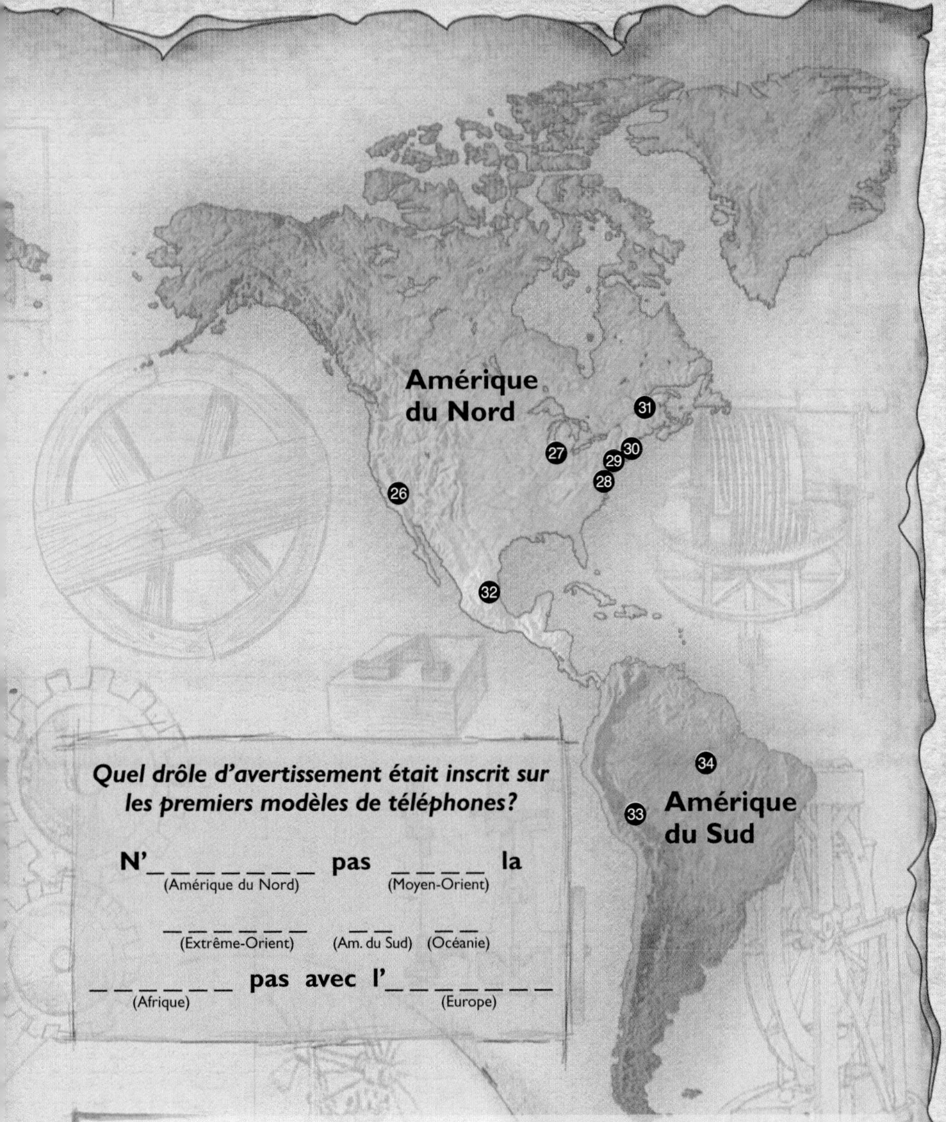

Quel drôle d'avertissement était inscrit sur les premiers modèles de téléphones?

N'_ _ _ _ _ _ _ _ pas _ _ _ _ la
(Amérique du Nord) (Moyen-Orient)

_ _ _ _ _ _ _ _ _ _ _
(Extrême-Orient) (Am. du Sud) (Océanie)

_ _ _ _ _ _ pas avec l'_ _ _ _ _ _ _ _
(Afrique) (Europe)

Extrême-Orient
- ⓴ Ujjayini (Ujjain), Inde p. 55
- ㉑ Changan (Xian), Chine p. 133
- ㉒ Bianliang (Kaifeng), Chine p. 89
- ㉓ vallée du fleuve Jaune, Chine p. 19

Océanie
- ㉔ Melbourne, Australie p. 119
- ㉕ Majuro, îles Marshall p. 41

Amérique du Nord
- ㉖ San Francisco, États-Unis p. 49
- ㉗ Chicago, États-Unis p. 33
- ㉘ Menlo Park, États-Unis p. 71
- ㉙ New York, États-Unis p. 141
- ㉚ Boston, États-Unis p. 7
- ㉛ Valcourt, Canada p. 93
- ㉜ Tenochtitlán (México), Mexique p. 115

Amérique du Sud
- ㉝ Cuzco, Pérou p. 63
- ㉞ Amazonie, Brésil p. 103

La chasse aux trésors

L'énigme à résoudre :

Quel drôle d'avertissement était inscrit sur les premiers modèles de téléphones?

N'_ _ _ _ _ _ _ _ pas _ _ _ _ la _ _ _ _ _ _ _ _ _ _
(Amérique du Nord) (Moyen-Orient) (Extrême-Orient) (Am. du Sud)

_ _ _ _ _ _ _ _ _ pas avec l'_ _ _ _ _ _ _ _ _
(Océanie) (Afrique) (Europe)

La carte du monde

Pour les besoins de l'aventure, le monde est morcelé en sept grandes régions, chacune présentant un certain nombre de destinations-découvertes. Vous trouverez ces régions, les destinations-découvertes et l'énigme à résoudre sur la carte du monde, aux pages 4 et 5. Nous vous suggérons de photocopier cette carte ou encore de l'imprimer à partir du site **www.quebec-amerique.com/gje/ingenieux**. Elle vous permettra de vous situer en tout temps, de tracer votre parcours et de noter au fur et à mesure les lettres trouvées.

Les lettres cachées

Chaque destination-découverte est reliée à un article du livre. La lecture d'un article peut vous dévoiler une ou plusieurs lettres de l'énigme. Vous devez faire le tour du monde pour trouver toutes les lettres. Il faut ensuite les ordonner ! Pour chaque région du globe, elles formeront un mot de l'énigme.

La navigation

La dernière page de chaque article vous donne le choix entre trois nouvelles destinations-découvertes. À vous de décider de la direction à prendre.

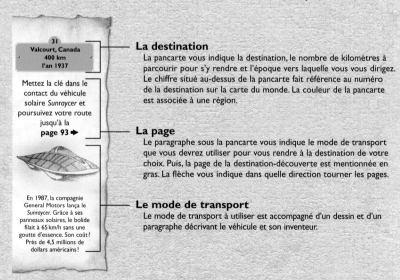

31
Valcourt, Canada
400 km
l'an 1937

Mettez la clé dans le contact du véhicule solaire *Sunraycer* et poursuivez votre route jusqu'à la **page 93** ➨

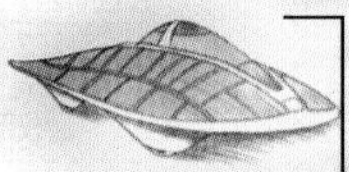

En 1987, la compagnie General Motors lança le *Sunraycer*. Grâce à ses panneaux solaires, le bolide filait à 65 km/h sans une goutte d'essence. Son coût? Près de 4,5 millions de dollars américains !

La destination

La pancarte vous indique la destination, le nombre de kilomètres à parcourir pour s'y rendre et l'époque vers laquelle vous vous dirigez. Le chiffre situé au-dessus de la pancarte fait référence au numéro de la destination sur la carte du monde. La couleur de la pancarte est associée à une région.

La page

Le paragraphe sous la pancarte vous indique le mode de transport que vous devrez utiliser pour vous rendre à la destination de votre choix. Puis, la page de la destination-découverte est mentionnée en gras. La flèche vous indique dans quelle direction tourner les pages.

Le mode de transport

Le mode de transport à utiliser est accompagné d'un dessin et d'un paragraphe décrivant le véhicule et son inventeur.

30

Boston, États-Unis
l'an 1876

Vous marchez dans les rues de Boston, l'une des plus vieilles villes des États-Unis. Ici, dans la capitale intellectuelle du pays, les rues bouillonnent de professeurs, d'étudiants et d'idées.

Nous sommes le 10 mars 1876. Vous passez devant le *Boston Common*, parc public gigantesque et centenaire... Soudain, un curieux pressentiment vous attire au 5, place Exeter. Les murs de cette maison cacheraient-ils quelque chose d'une grande valeur ? Vous vous approchez de la porte d'entrée qui s'ouvre devant vous avec les grincements du temps... Vite, entrez !

Chut ! Dans une pièce adjacente au vestibule, vous voyez par l'entrebâillement de la porte un homme barbu, seul, captivé par un drôle de récipient en forme d'entonnoir. Intrigué, vous restez là à l'observer quand, soudain, l'homme se met à discuter avec le récipient devant lui.

— Monsieur Watson, venez ! Je veux vous voir.

Mais... serait-il fou ?!

Aussitôt, un brouhaha retentit à l'étage supérieur. Des pas précipités résonnent dans l'escalier et, enfin, un individu apparaît, triomphant :

— Ça marche, j'ai entendu chacun de vos mots !

C'est extraordinaire ! Pour la première fois de l'histoire, deux personnes éloignées l'une de l'autre ont communiqué ensemble de vive voix ! Les deux hommes en question, bien fous mais fous de joie, ne sont nuls autres que l'inventeur Alexander Graham Bell et son collaborateur Thomas Watson ! Et juste devant eux, tel un trésor éblouissant, le tout premier modèle de téléphone.

« C'est un grand jour ! [...] Le temps est enfin venu où des amis peuvent se parler sans même quitter leur logement. »

Alexander Graham Bell

Cette année-là, le « jouet » de Bell fut la grande vedette de l'exposition du centenaire à Philadelphie. Deux ans plus tard, les premières lignes téléphoniques furent installées. En 1900, la compagnie de communication par téléphone fondée par Bell dépassa le million d'abonnés. Aujourd'hui, des centaines de millions de lignes téléphoniques relient le monde entier !

COMMENT FONCTIONNE LE TÉLÉPHONE

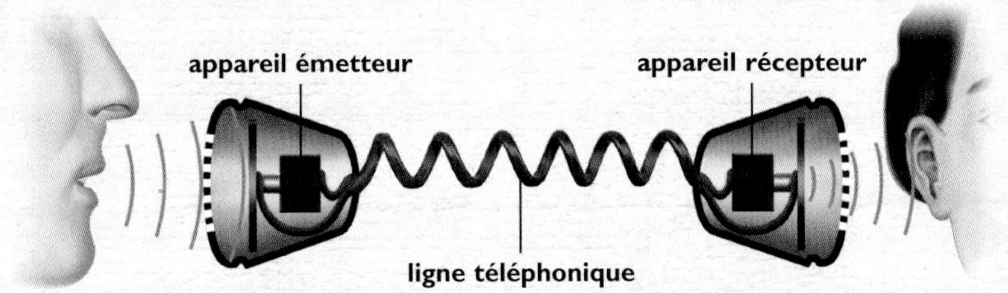

Chaque son crée une vibration particulière dans l'air ambiant. Ces vibrations distinctives sont transmises à l'appareil émetteur, qui les convertit en signaux électriques. Ceux-ci voyagent à travers la ligne téléphonique pour être ensuite reconvertis en vibrations sonores, à l'autre bout du fil, par l'appareil récepteur. *Élémentaire, mon cher Watson…*

Le téléphone mural ▶ apparut en 1879. L'émetteur (pour parler) et le récepteur (pour écouter) étaient séparés.

◀ Les téléphones à cadran apparurent vers 1924. On pouvait alors composer directement un numéro, sans passer par un téléphoniste.

Avec l'avènement du téléphone ▶ portable dans les années 1980, on peut être joint n'importe où, en tout temps.

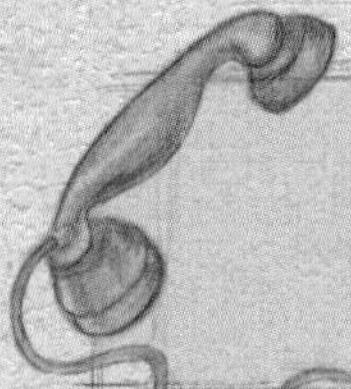

Le mot téléphone est une association des termes grecs «tele» (à distance) et «phone» (son).

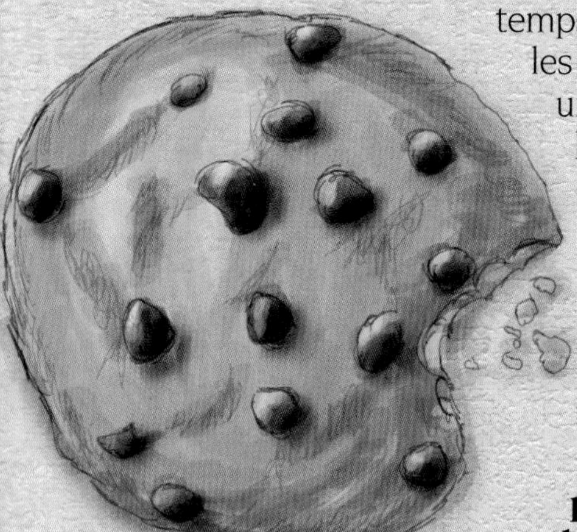

Avant de quitter Boston, prenez le temps de goûter à la spécialité locale : les fèves au lard à la bostonienne, un plat appétissant composé de haricots secs, de lard salé, d'oignons et de mélasse. Miam !

Empochez aussi pour la route quelques *chocolate chip cookies* (biscuits à brisures de chocolat), inventés ici même au Massachusetts, ainsi qu'une lettre de l'énigme : **la première lettre du prénom du collaborateur d'Alexander Graham Bell.**

Maintenant, à partir de Boston, vous pouvez vous rendre à...

29
New York, É.-U.
300 km
l'an 1854

Embarquez sur le bateau à vapeur *Clermont* et voguez jusqu'à la
page 141 ➜

Le *Clermont* fut le premier bateau à vapeur commercial. Bâti par l'Américain Robert Fulton, il navigua pour la première fois en 1807 sur le fleuve Hudson et assura la liaison New York-Albany.

28
Menlo Park, É.-U.
350 km
l'an 1879

Conduisez le véhicule amphibie de l'Américain Oliver Evans et barbotez jusqu'à la
page 71 ➜

En 1805, ce drôle de bateau sur roues parcourut 2 km dans les rues de Philadelphie avant de s'engager sur la rivière Schuylkill. Le véhicule fut l'une des toutes premières voitures à vapeur.

31
Valcourt, Canada
400 km
l'an 1937

Mettez la clé dans le contact du véhicule solaire *Sunraycer* et poursuivez votre route jusqu'à la
page 93 ➜

En 1987, la compagnie General Motors lança le *Sunraycer*. Grâce à ses panneaux solaires, le bolide filait à 65 km/h sans une goutte d'essence. Son coût ? Près de 4,5 millions de dollars américains !

5

Middelburg, Pays-Bas
l'an 1608

Vous déambulez dans les rues de Middelburg, centre prospère de l'île de Walcheren, située au nord-ouest de l'Europe. Vos sabots de bois résonnent en cadence sur les dalles de pierre. Vous vous arrêtez soudainement face à la devanture de la boutique d'un lunetier. Vous êtes étonné de constater qu'il existe des lunettes avec des lentilles de toutes les tailles et de toutes les formes : grosses, petites, rondes, carrées, bombées, creusées…

Entrez dans la boutique et allez voir de plus près ! Alors que vous vous amusez à tester la marchandise, vous constatez un étrange phénomène. Lorsque vous combinez devant vos yeux des lunettes aux verres creusés et des lunettes aux verres bombés, tout devient plus gros ! Même la girouette, juchée au sommet du clocher de l'église, grossit et semble soudainement beaucoup plus près.

Le lunetier qui vous observe depuis un moment est intrigué par votre jeu. Il s'appelle Hans Lippershey. Inspiré par vos expérimentations, il combinera bientôt lui-même une lentille convexe (bombée) avec une lentille concave (creusée) dans un long tube et commercialisera la première longue-vue de l'histoire !

•••

Les ancêtres de la longue-vue sont bien entendu les lunettes, qui firent leur apparition en Italie au 13e siècle. En façonnant le verre, les lunetiers conçurent d'abord des lentilles convexes. En grossissant légèrement l'image, celles-ci facilitaient la lecture pour les personnes qui avaient du mal à voir de près. Au 15e siècle, on inventa des lentilles concaves qui permettaient aux personnes souffrant de myopie de mieux voir de loin.

longue-vue

Enfin, en 1608, Lippershey joignit les deux techniques et mit au point la première longue-vue, qui pouvait grossir de trois à quatre fois les objets. L'année suivante, le scientifique italien Galilée améliora la longue-vue de Lippershey et la transforma en lunette astronomique. Son nouvel instrument arrivait à grossir jusqu'à 20 fois les objets éloignés ! Équipé de sa puissante lunette, Galilée fit d'importantes découvertes astronomiques. Il observa les cratères de la Lune, les taches solaires, les satellites de Jupiter, le mouvement des planètes et découvrit plusieurs étoiles invisibles à l'œil nu.

lunette astronomique

En 1668, l'Anglais Isaac Newton innova encore et inventa le premier télescope. Au lieu d'une lentille, le télescope utilise un miroir courbé qui recueille et concentre la lumière des astres. En plus d'être beaucoup plus puissant que la lunette astronomique, le télescope réduit le flou produit par le verre des lentilles. Plus le miroir du télescope est gros, plus il peut capter de lumière. Aujourd'hui, le télescope Keck1, à Hawaii, possède un miroir de 10 mètres de diamètre qui permet d'observer les galaxies lointaines.

télescope

LE MICROSCOPE

Le Hollandais Hans Jansen et son fils Zacharias mirent au point le premier microscope à la fin du 16e siècle. Assemblant deux lentilles convexes aux extrémités d'un tube, leur appareil arrivait à grossir de minuscules éléments. Cet instrument révolutionna la biologie en révélant l'existence d'une multitude de micro-organismes dont on ignorait l'existence. Au 17e siècle, le Hollandais Antonie Van Leeuwenhoek, équipé d'un microscope pouvant grossir près de 270 fois les objets, observa pour la première fois des bactéries, des spermatozoïdes, des animaux microscopiques et des cellules sanguines. Aujourd'hui, les microscopes électroniques peuvent grossir jusqu'à un million de fois!

Le terme télescope vient des mots grecs «tele» qui signifie «à distance» et «scope» qui signifie «voir». Dans le mot microscope, «micro» signifie en grec «petit».

C'est le temps de partir à la découverte des Pays-Bas à bicyclette. Allez! Vous ne risquez pas de vous fatiguer dans ce pays bien plat. Une douce brise vous pousse tout en faisant tourner les pales des innombrables moulins à vent. Respirez... Les vastes champs de fleurs dégagent une agréable odeur.

À partir des Pays-Bas, vous pouvez vous rendre à...

7
Mayence, Allemagne
400 km
l'an 1450

Enfourchez une draisienne et propulsez cette étrange bicyclette jusqu'à la

page 75 ➨

Inventée par le baron allemand Karl von Drais en 1818, la draisienne est le plus lointain ancêtre de la bicyclette. Composée d'une simple barre sur deux roues, sans freins ni pédales, elle permettait en quelque sorte de courir... tout en restant assis.

2
Londres, G.-B.
300 km
l'an 1925

Prenez place à bord d'un aéroglisseur et filez, cheveux au vent, vers la

page 107 ➨

En 1955, l'ingénieur britannique Christopher Cockerell conçut le premier aéroglisseur. Flottant sur un mince coussin d'air, la coque de cette embarcation ne touche pas la surface qu'elle survole. L'aéroglisseur peut voyager aussi bien sur l'eau que sur la terre, la neige ou la glace.

11
Bjorko, Suède
1 200 km
l'an –1000

Assoyez-vous confortablement dans le carrosse royal et laissez le cocher vous conduire à la

page 45 ➨

Au 16e siècle, les souverains européens commencèrent à se déplacer en carrosse, un véhicule richement décoré inventé en Hollande. La suspension et les coussins rendaient le carrosse beaucoup plus confortable qu'une simple charrette.

14

gorges d'Olduvai, Tanzanie
l'an –2 500 000

Vous rôdez silencieusement dans l'étendue d'une plaine africaine à la recherche d'une petite proie ou de quelques fruits ou racines à vous mettre sous la dent. Soudain, à travers l'herbe haute, vous entendez un bruissement. Approchez-vous doucement…

Surprise ! Vous voilà nez à nez avec, non pas une proie, mais un membre d'une tribu adverse. En vous voyant surgir, votre rival se met à grogner et lève subitement un bras vers vous, prêt à vous attaquer. Reculez, vite ! Sa main a quelque chose d'inhabituel. Elle possède un prolongement pointu, comme une griffe gigantesque !

Votre rival s'appelle *Homo habilis*, ce qui signifie « homme habile ». Même s'il est, tout comme vous, un des ancêtres lointains de l'homme moderne, *Homo habilis* possède un atout qui le distingue des autres groupes d'humains de son temps. Au bout de son long bras se trouve, non pas une griffe, mais le tout premier outil de l'histoire : la pierre taillée !

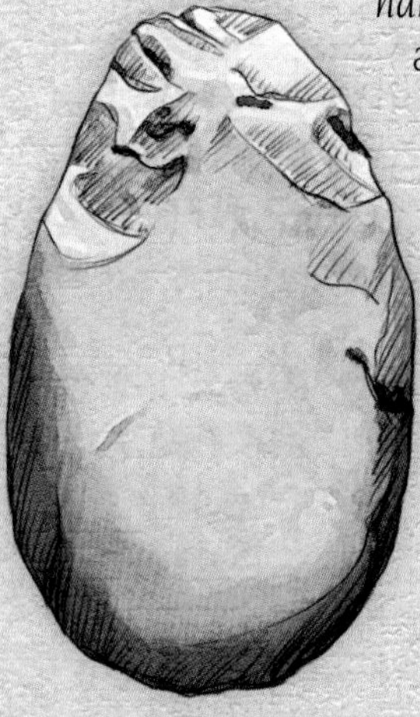
hachoir

•••

En façonnant une pierre pour la rendre tranchante, *Homo habilis* devint le premier inventeur de l'humanité. Cet outil, de même que tous les autres qui suivirent, permit à l'humain de se distinguer à jamais des autres animaux.

LES PREMIERS OUTILS

En 1960, dans les gorges d'Olduvai, en Tanzanie, les archéologues britanniques Mary et Louis Leakey mirent à jour les plus anciennes pierres taillées. Fabriqués par *Homo habilis* il y a environ 2,5 millions d'années, ces hachoirs étaient des pierres grossièrement taillées à l'aide d'une autre pierre de façon à en rendre les bords tranchants. Ils permettaient sans doute aux hommes et aux femmes préhistoriques de découper des carcasses, de travailler le bois et d'écraser des noix ou des os pour en extraire la moelle.

L'outil de pierre s'améliora sans cesse. Quelques centaines de milliers d'années après les premiers hachoirs, les humains taillèrent des bifaces, aussi appelés «coups-de-poing». Ceux-ci étaient très pointus et taillés sur deux faces dans un type de roche appelé silex. Les bifaces étaient aussi tranchants que des éclats de verre!

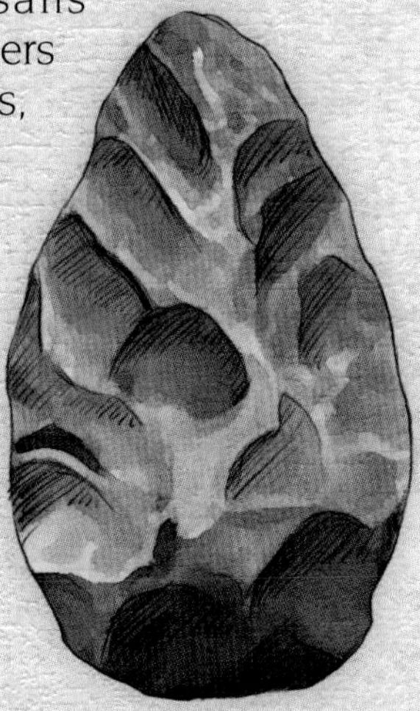

biface

Peu à peu apparurent des outils spécialisés pour certaines activités, comme par exemple la lame pour trancher, le grattoir pour travailler les peaux, le burin pour façonner le bois et les os, la lance et le poignard pour chasser. Les hommes et les femmes préhistoriques trouvèrent une utilité à toute chose. Ils se servirent d'os, d'ivoire ou de bois de cervidés pour fabriquer des aiguilles à coudre, des harpons et des hameçons. Munis de ces outils perfectionnés, ils pouvaient chasser et pêcher avec plus de facilité.

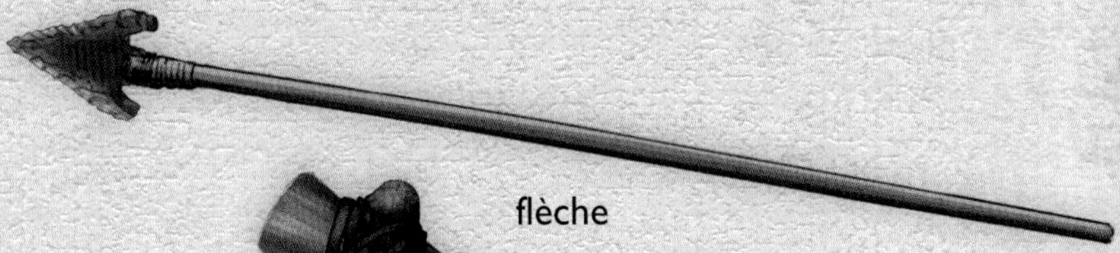

flèche

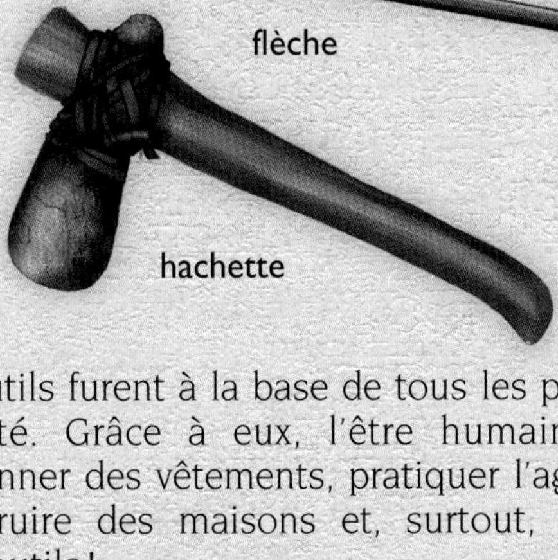

hachette

◀ lance

Les outils furent à la base de tous les progrès de l'humanité. Grâce à eux, l'être humain put se confectionner des vêtements, pratiquer l'agriculture, se construire des maisons et, surtout, concevoir d'autres outils!

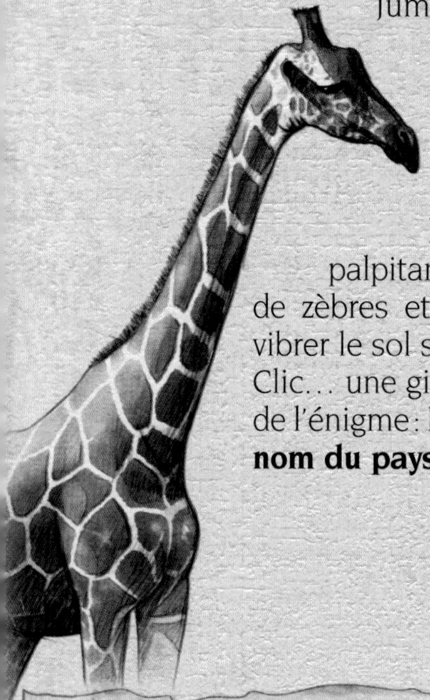

Jumelles et appareil photographique à votre cou, partez à la chasse aux images au pied du merveilleux mont Kilimandjaro, en Tanzanie. Autour de ce volcan au sommet enneigé s'étend la savane à perte de vue, l'endroit rêvé pour un safari-photo palpitant. Ici, de grands troupeaux de gnous, de zèbres et d'éléphants se déplacent en faisant vibrer le sol sous vos pieds. À votre appareil photo ! Clic… une girafe. Clic… un lion. Clic… deux lettres de l'énigme : **la deuxième et la quatrième lettre du nom du pays où se trouvent les gorges d'Olduvai.**

À partir de la Tanzanie, vous pouvez vous rendre à…

13
Edfou, Égypte
3 500 km
l'an –200

Montez sur un tronc d'arbre et tentez de descendre le Nil sans chavirer jusqu'à la **page 123 ➜**

Les hommes préhistoriques fabriquèrent les tout premiers bateaux (ou canoës) en évidant des troncs d'arbres. Avec le temps, ils apprirent à lier ensemble plusieurs morceaux de bois pour confectionner des radeaux, beaucoup plus stables que de simples troncs.

20
Ujjayini, Inde
5 500 km
5e siècle

Joignez-vous à l'équipage d'un boutre et laissez-vous bercer par les vagues jusqu'à la **page 55 ➜**

Les boutres sont d'élégants bateaux à voiles qui naviguent sur l'océan Indien depuis plus de 2 000 ans. Les Africains, les Arabes et les Indiens ont longtemps utilisé ces voiliers pour le commerce des épices, de l'ivoire, de la porcelaine, du bois et parfois des esclaves.

15
Swartkrans, Afrique du Sud
2 500 km
l'an –1 500 000

Suivez la Croisière noire au volant d'une autochenille et explorez l'Afrique jusqu'à la **page 137 ➜**

En 1924 et 1925, huit autochenilles roulèrent à travers l'Afrique, de l'Algérie à Madagascar, dans une expédition baptisée Croisière noire. Les autochenilles parcoururent 28 000 km dans le désert, la savane, la brousse et les cours d'eau. Tout un périple !

23
vallée du fleuve Jaune, Chine
l'an –2737

Vous êtes le digne serviteur de l'empereur chinois Chen Nung. Vous servez une tasse d'eau bouillante à votre maître pendant qu'il se repose près du majestueux fleuve Jaune.

Soudain, une rafale de vent secoue les branches de l'arbre au-dessus de vous. Quelques feuilles virevoltent, puis viennent délicatement se poser dans la tasse de l'empereur… à son insu. L'eau dans sa tasse devient plus foncée. Puis, avant que vous n'ayez le temps de le prévenir, votre maître porte la tasse à sa bouche… Vous criez :

— Non !

Trop tard. Votre empereur bien-aimé vient peut-être d'avaler un poison violent !

Alors que vous fixez toujours votre maître avec inquiétude, celui-ci se lève et s'exclame :

— Une sensation de bien-être vient de m'envahir. Ce breuvage est ravigotant et délicieux !

Entre les mains de l'empereur Chen Nung se trouve la plus ancienne boisson de l'humanité : le thé.

•••

L'histoire de la découverte du thé par l'empereur Chen Nung en l'an –2737 est une légende chinoise. Les origines de ce célèbre breuvage sont trop lointaines pour être vérifiables. Ce qui est certain, c'est qu'il y a quelques milliers d'années, les Chinois commencèrent à boire des infusions de feuilles du théier, un arbre originaire de leur pays. Le thé fut d'abord utilisé comme remède contre divers maux et comme stimulant pour lutter contre le sommeil. Il y a un peu plus de 1000 ans, sous la dynastie des empereurs Tang, on commença à boire le thé pour le plaisir. Les maisons de thé, où l'on consommait le thé entre amis, firent alors leur apparition.

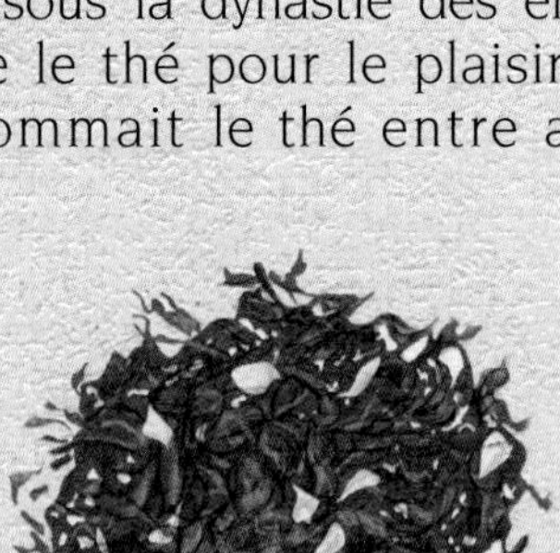

thé jasmin

thé oolong

thé vert

En 1610, les Hollandais, qui commerçaient avec la Chine, introduisirent le thé en Europe, où il était jusque-là inconnu. Le breuvage fut peu après importé en Russie, puis en Angleterre, et enfin en Amérique. Au 19e siècle, le thé était si populaire en Occident que les voiliers américains et britanniques faisaient littéralement la course pour ramener le thé de Chine le plus rapidement possible !

sachet de thé

Aujourd'hui, le thé est encore et toujours la boisson la plus populaire dans le monde. Chaque jour, on en consomme plusieurs milliards de tasses ! Les Irlandais et les Britanniques en sont particulièrement friands, chaque habitant en buvant en moyenne plus de trois tasses par jour.

La façon de boire le thé change d'un pays à l'autre. En Chine, on le boit dans de minuscules tasses sans anse. Chez les Japonais, on boit le thé selon un rituel qui peut durer jusqu'à quatre heures ! Les Arabes, pour leur part, servent leur thé très sucré dans des verres, accompagné d'une feuille de menthe, tandis que les Russes le boivent avec un morceau de sucre dans la bouche.

LE THÉ GLACÉ

En 1904, un marchand de thé fut invité à la Foire internationale de St-Louis, aux États-Unis. Alors qu'il tentait en vain de vendre du thé chaud en pleine canicule, il décida d'y mettre de la glace pour en faire une boisson rafraîchissante. Le thé glacé était né !

thé earl grey

thé noir

Maintenant, saisissez deux baguettes et goûtez à un délicieux mets chinois : un sauté de légumes nappé d'une sauce sucrée, sure, amère, piquante et salée. Ouf ! Reposez ensuite vos papilles à l'aide d'un délicieux thé. Et n'oubliez pas votre dessert ! Un biscuit chinois qui cache un message de bonne fortune et, pourquoi pas, une lettre de l'énigme : **la cinquième lettre du nom de l'arbre dont les feuilles sont utilisées pour produire le thé.**

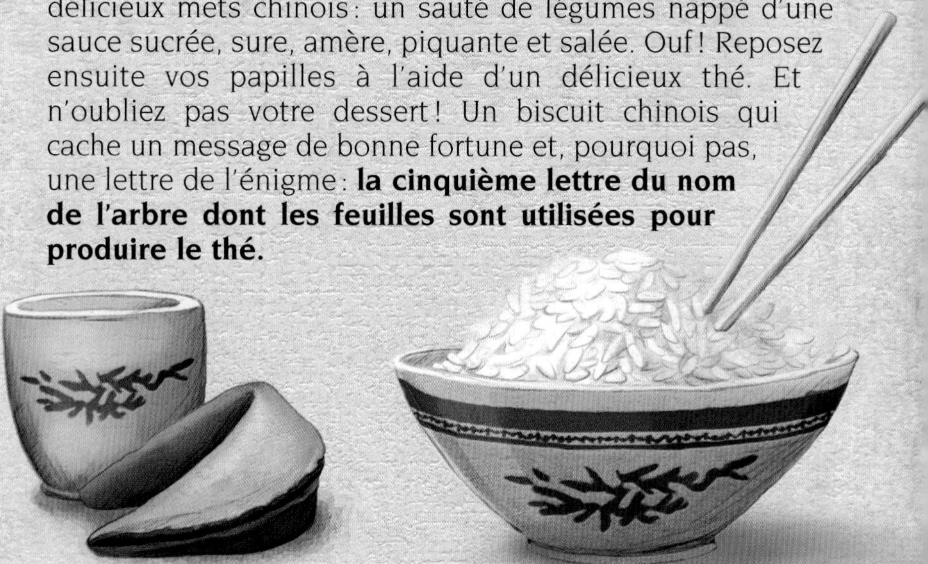

De la vallée du fleuve Jaune, vous pouvez vous rendre à...

26
San Francisco, É.-U.
9 500 km
l'an 1971

Moussaillons ! Montez à bord d'un clipper et prenez le large à destination de la **page 49** ➡

Les clippers étaient des voiliers élancés et rapides utilisés au 19e siècle pour rapporter du thé de Chine et transporter des passagers de New York à San Francisco. Il était alors plus simple de contourner l'Amérique par bateau que de traverser les redoutables montagnes Rocheuses.

19
Baïkonour, Kazakhstan
4 500 km
l'an 1960

Installez-vous dans une brouette et laissez-vous pousser (attention aux nids de poule !) jusqu'à la **page 67** ➡

Les Chinois inventèrent la brouette vers l'an –250. Elle permettait à un seul homme de porter de lourdes charges. Les brouettes furent très pratiques lors de la construction de la Grande Muraille de Chine.

22
Bianliang, Chine
500 km
11e siècle

Cohabitez quelques jours avec une famille sur un sampan et naviguez jusqu'à la **page 89** ➡

Utilisés depuis des siècles en Extrême-Orient, les sampans sont des embarcations à fond plat. Ils servent pour la pêche, le transport et parfois même comme maison ! Les Chinois peignent parfois des yeux sur les sampans. Ils espèrent ainsi éviter les récifs...

3
Paris, France
l'an 1895

La capitale française est en pleine effervescence ! La tour Eiffel, presque neuve, domine la ville et le monde de ses 312 mètres ! Des poètes et des artistes de partout se rencontrent ici, dans les cafés et les cabarets, pour discuter des dernières tendances et des dernières modes.

Vos pas vous guident vers le quartier de l'Opéra, au Salon indien du Grand Café, situé au 14, boulevard des Capucines. À l'entrée, on vous fait payer un franc (c'est quand même un peu cher…) pour assister à un spectacle « très spécial », au sous-sol.

Descendez et prenez donc un siège !

Soudain, les lumières s'éteignent…

Vous, et la trentaine de spectateurs autour, reculez sur votre chaise en voyant sur un grand écran des employés sortir d'une usine et foncer droit sur vous !

Des images grandeur nature qui bougent… Stupéfiant !

Vous faites partie des quelques privilégiés qui auront assisté à la toute première séance publique de cinéma ! Quelle chance ! Et juste derrière la salle, l'appareil responsable de ce prodige : le cinématographe des frères Lumière !

cinématographe

La nouvelle de cet événement se répand comme une traînée de poudre. Les policiers doivent même contenir la foule en délire qui fait la file pour voir le cinématographe !

LE SECRET DU CINÉMA

La photographie est à la base du cinéma. Lors de la prise d'une photo, un obturateur placé dans l'appareil photo s'ouvre et se referme rapidement. La lumière pénètre ainsi dans l'appareil pendant une fraction de seconde, juste assez pour imprégner l'image sur la pellicule. Le cinéma utilise le même procédé photographique, mais 24 fois par seconde, sur une longue pellicule !

1. La pellicule s'immobilise, l'obturateur s'ouvre, la lumière atteint la pellicule et l'imprègne.

2. L'obturateur se referme, empêchant ainsi la lumière d'atteindre la pellicule pendant qu'une griffe tire la pellicule d'un cran.

Puis, la pellicule s'immobilise de nouveau, l'obturateur s'ouvre, une nouvelle image s'imprègne et ainsi de suite… Le cinéma est en fait une série de petites photos, déroulées et projetées si rapidement qu'elles donnent aux spectateurs l'illusion du mouvement !

Les frères Louis et Auguste Lumière ont su tirer avantage des expériences de quelques prédécesseurs…

LES PRÉCURSEURS

En 1826

Le Français Nicéphore Niepce réussit la toute première photographie de l'histoire, un paysage de campagne, à l'aide d'une chambre noire et d'une plaque sensible à la lumière.

En 1882

Étienne Marey conçut un «fusil photographique» qui permettait de prendre 12 photos successives en une seule seconde. Il s'agit de la première caméra de prises de vues.

Entre 1889 et 1891

L'Américain Thomas Edison utilisa le support pellicule pour créer les premiers films. Il fallait regarder à travers le «trou de serrure» d'une petite machine à sous, le kinétoscope, et faire défiler les images sur la pellicule à l'aide d'une manivelle.

Enfin, les frères Lumière rassemblèrent les différentes techniques mises au point par leurs prédécesseurs pour inventer le cinématographe, un appareil qui permettait à la fois la prise de vues et la projection sur grand écran !

Aujourd'hui, aux États-Unis seulement, il se vend plus d'un milliard de billets d'entrée au cinéma par année et l'industrie génère des centaines de milliers d'emplois ! Pas mal pour une invention qui était considérée, par certains journalistes de l'époque, comme « une simple attraction foraine… sans avenir » !

«Le cinéma amuse le monde entier. Que pouvions-nous faire de mieux et qui nous donne plus de fierté ?»

Louis Lumière

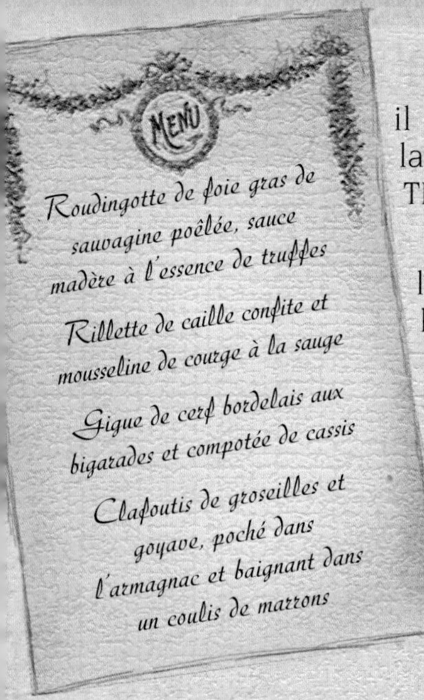
Menu
Roudingotte de foie gras de sauvagine poêlée, sauce madère à l'essence de truffes
Rillette de caille confite et mousseline de courge à la sauge
Gigue de cerf bordelais aux bigarades et compotée de cassis
Clafoutis de groseilles et goyave, poché dans l'armagnac et baignant dans un coulis de marrons

Avant de quitter la ville « Lumière », il vous faut absolument expérimenter la fine cuisine française dans un TRÈS TRÈS chic restaurant…

Et comme petit digestif… une lettre de l'énigme : **la première lettre du nom du Salon, au Grand Café, où s'est déroulée la première séance publique de cinéma.**

À partir de Paris, vous pouvez vous rendre à…

29
New York, É.-U.
5 800 km
l'an 1854

Achetez un billet pour le Concorde et vivez une expérience supersonique qui vous mènera à la **page 141 ➜**

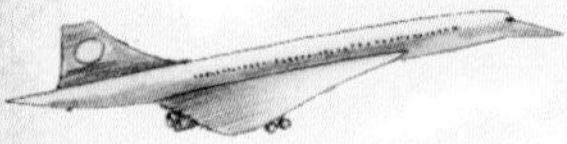

Lancé en 1976 par la France et la Grande-Bretagne, le Concorde fut le premier avion commercial supersonique : il atteignait deux fois la vitesse du son ! Voyageant à environ 2 000 km/h, il pouvait faire la liaison Paris-New York en près de trois heures !

4
Vallon-Pont-d'Arc, France
500 km
l'an –30 000

Enfourchez un vélocipède à pédales et brimbalez-vous jusqu'à la **page 129 ➜**

En 1861, le jeune Parisien Ernest Michaux construisit le premier vélo à pédales. Le pédalier n'avait pas de chaîne et était installé directement sur la roue avant.

2
Londres, G.-B.
350 km
l'an 1925

Prenez place à bord du *Blériot XI* et envolez-vous vers la **page 107 ➜**

En 1909, l'ingénieur français Louis Blériot effectua la première traversée de la Manche en avion. Il parcourut 43 km en une demi-heure à bord de son monoplan, un avion qu'il avait fabriqué avec un seul niveau d'ailes.

Valcourt, Canada

Non mais, pensez-y un peu ! Cette limousine est beaucoup trop longue pour pouvoir se déplacer efficacement sur les routes, entre Valcourt et San Francisco. Comment allez-vous vous y prendre pour tourner aux intersections ? Tout bien considéré, il est plus probable que vous aperceviez ce véhicule dans une exposition ou un film hollywoodien que sur une quelconque route. Choisissez un autre mode de transport à la page 96…

océan Pacifique

Vous n'avez pas fait la moitié du parcours entre les îles Marshall et Bianliang que les navigateurs chinois n'en peuvent plus de cet exercice éreintant, en plein océan! Désolé, ils ne marchent plus! Après tout, ce bateau à roues à aubes est destiné à voyager sur les fleuves... Suite à cet abandon, vous voilà maintenant seul sur le tapis roulant. Plus vite! Plus vite! Les muscles endoloris et à bout de souffle, vous parvenez, avec plusieurs jours de retard, à la page 89...

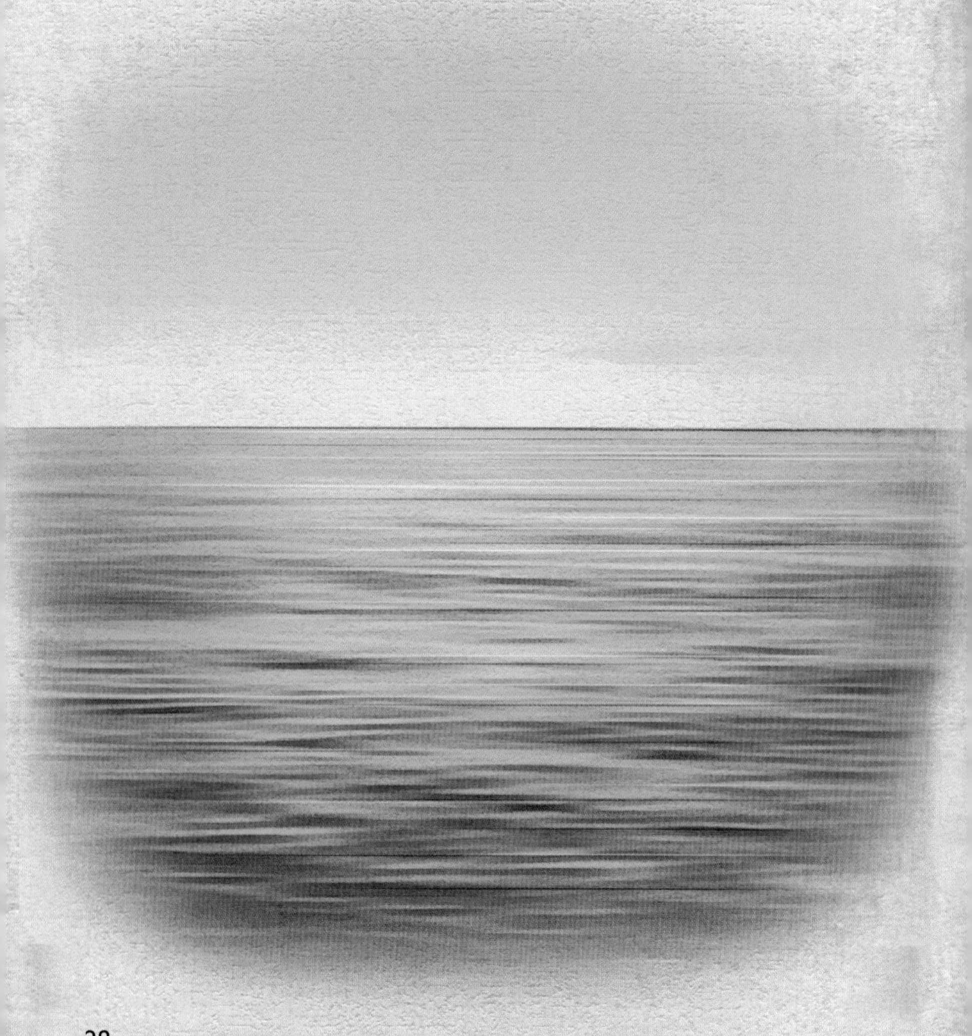

17
Kish, Irak
l'an –3000

En marchant sur la route qui mène à Kish, vous croisez un drôle de vagabond. Il vous confie que dans la cité où vous vous rendez, les gens peuvent raconter des histoires… sans même utiliser la parole ! C'en est assez pour piquer votre curiosité. Courez vite vers cette ville étrange !

Vous êtes émerveillé par la splendeur de Kish. Les multiples édifices en briques crues sont dominés par des temples aussi hauts que des montagnes. Près d'un de ces chefs-d'œuvre d'architecture, vous rencontrez un artiste à l'œuvre. Sur sa planche, il trace des dessins minuscules que vous avez peine à voir. À quoi peuvent bien servir ces dessins trop petits pour être admirés ?

Ces dessins sont à la fois les yeux, la bouche et la mémoire de ce peuple ! Ils permettent d'administrer les lois, les récoltes, les biens, les offrandes et gardent le souvenir d'événements importants. Ces dessins constituent la première forme d'écriture de l'histoire humaine !

•••

Pendant la préhistoire, les hommes et les femmes racontaient leur vécu en peignant des tranches de leur quotidien sur les parois des cavernes. Ces peintures dites rupestres étaient des pictogrammes, c'est-à-dire des dessins représentant des objets concrets comme des animaux. Avec le temps, les populations grossirent, les villes se développèrent et les sociétés devinrent plus organisées. Vers l'an –3000, les habitants de la Mésopotamie, une ancienne région du Moyen-Orient (actuel Irak), étaient à la recherche d'une méthode efficace pour communiquer entre eux et administrer leurs biens. Ils inventèrent alors l'écriture.

L'écriture mésopotamienne était composée d'une série de petits pictogrammes. Ceux-ci étaient gravés sur des tablettes d'argile à l'aide d'un roseau taillé. Puis, pour accélérer la rédaction, les symboles écrits se simplifièrent peu à peu et devinrent plus abstraits. Les pictogrammes se transformèrent lentement en idéogrammes, des signes qui peuvent représenter des idées, en plus des objets concrets. L'écriture mésopotamienne finit par compter près de 2000 idéogrammes différents, un pour chaque mot ! On l'appelle « écriture cunéiforme », ce qui signifie que ses symboles ont la forme de clous et de coins.

L'évolution du mot « oiseau », du pictogramme vers l'idéogramme, dans l'écriture cunéiforme.

Avec ses milliers de symboles différents, l'écriture en idéogrammes était difficile à apprendre et à mémoriser. Pour résoudre ce problème, les Phéniciens (un peuple qui habitait la côte est de la mer Méditerranée) inventèrent le premier alphabet vers l'an –1300. L'ensemble des sons de leur langue était dès lors représenté par seulement 22 phonogrammes (symboles représentant des sons). L'alphabet phénicien fut plus tard amélioré par les Grecs, puis par les Romains. L'alphabet romain, qui contient 26 phonogrammes (ou lettres), est aujourd'hui le plus répandu dans le monde.

Le mot alphabet vient de la combinaison des deux premières lettres de l'alphabet grec: «alpha» et «bêta».

L'invention de l'écriture aura permis de transmettre le savoir plus facilement d'un lieu à l'autre, mais aussi d'une génération à l'autre. Les faits et les récits importants sont désormais conservés par des témoignages écrits, facilement accessibles aux historiens. Pour cette raison, ces derniers considèrent que l'invention de l'écriture marqua le passage de la préhistoire à l'histoire !

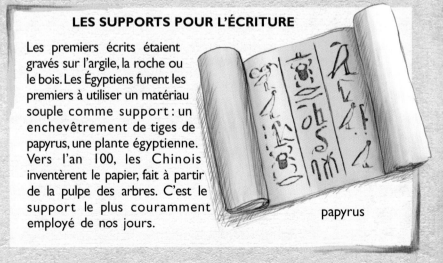

LES SUPPORTS POUR L'ÉCRITURE

Les premiers écrits étaient gravés sur l'argile, la roche ou le bois. Les Égyptiens furent les premiers à utiliser un matériau souple comme support : un enchevêtrement de tiges de papyrus, une plante égyptienne. Vers l'an 100, les Chinois inventèrent le papier, fait à partir de la pulpe des arbres. C'est le support le plus couramment employé de nos jours.

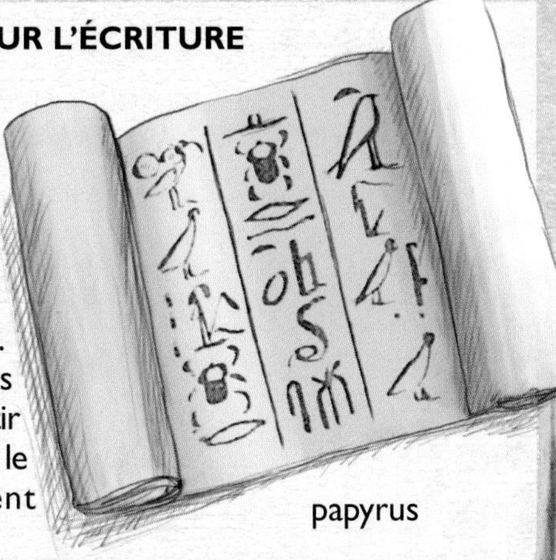

papyrus

Le Moyen-Orient est une merveilleuse bibliothèque garnie de grands chefs-d'œuvre tels que *Les Mille et Une Nuits*. Plongez dans ce recueil de contes fabuleux remplis de trésors, de tapis volants et de héros rusés tels qu'Aladin, Ali Baba et Sindbad le Marin. Les pages du livre cachent peut-être une vieille lampe magique ! Frottez-la et elle fera jaillir une lettre de l'énigme : **la sixième lettre du nom du peuple qui a inventé le premier alphabet.**

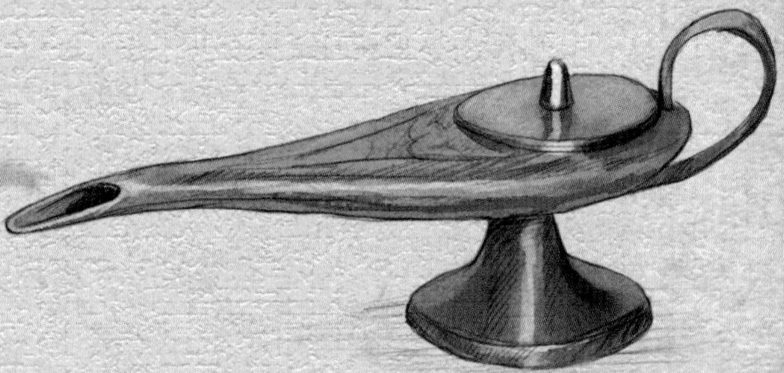

À partir de Kish, vous pouvez vous rendre à…

16
Sardes, Turquie
1 600 km
l'an –650

Assoyez-vous dans une vieille charrette et poursuivez votre chemin jusqu'à la
page 145 ➡

Les charrettes sont apparues en Mésopotamie il y a des milliers d'années. Certaines déplaçaient des rois, d'autres des marchandises. D'autres encore appartenaient à des nomades qui les employaient comme maison. À chacun sa charrette !

19
Baïkonour, Kazakhstan
2 200 km
l'an 1960

Empruntez le tout premier véhicule sur roues et cahotez jusqu'à la
page 67 ➡

Les premiers véhicules sur roues apparurent en Mésopotamie, il y a plus de 5 000 ans. Il s'agissait de simples traîneaux équipés de roues. Cette invention posa un défi aux Mésopotamiens : construire des routes et des ponts.

18
Ourouk, Irak
150 km
l'an –3500

Accrochez-vous au premier radeau gonflable et descendez le fleuve Euphrate jusqu'à la
page 111 ➡

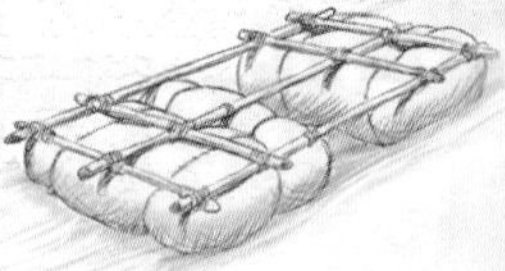

Vers l'an –2000, les Mésopotamiens se mirent à construire des bateaux appelés « keleks », ancêtres des radeaux gonflables d'aujourd'hui. Ils cousaient des peaux de mouton ensemble, puis les gonflaient pour fabriquer des flotteurs.

27

Chicago, États-Unis
l'an 1893

Vous voici au cœur de Chicago, le plus grand carrefour ferroviaire des Amériques. Ici, les trains viennent et repartent vers les quatre coins de la nation.

Vous attendez votre tour pour entrer dans un étrange wagon... Le contrôleur vous demande votre ticket. Donnez-lui ! Vous vous retrouvez bientôt coincé avec une soixantaine de personnes dans un étroit compartiment. Le contrôleur referme la porte rapidement. Le véhicule avance tranquillement et se met soudainement à monter comme s'il grimpait une montagne. Mais le hic c'est qu'il n'y a pas de montagne à Chicago... Vous unissez votre voix à celle des autres passagers et criez à tue-tête ! Parvenu à une hauteur de 80 mètres, le véhicule s'arrête enfin. Regardez par la fenêtre : vous avez une vue imprenable sur la ville.

Vous vous croyez à bord d'un funiculaire ou d'un train futuriste ? Pas du tout. Vous êtes un des passagers de la première grande roue de l'histoire, le nouveau manège construit par George W. Ferris pour l'Exposition universelle de Chicago. Cette roue gigantesque, qui compte 36 wagons de 60 places chacun, peut accueillir un nombre prodigieux de 2160 passagers à la fois !

•••

En 1891, la ville de Chicago se préparait fébrilement en vue de l'Exposition universelle. Les organisateurs de l'événement désiraient ériger pour l'occasion une structure qui rivaliserait avec l'impressionnante tour Eiffel, construite deux ans plus tôt pour l'Exposition universelle de Paris. Convié à un dîner préparatoire, l'ingénieur et constructeur de ponts George W. Ferris eut une brillante idée ! Avant même la fin du repas, il dessina sur une serviette de papier tous les plans de sa future attraction : une gigantesque roue de 76 mètres de diamètre à bord de laquelle les visiteurs pourraient prendre place pour admirer la ville en toute sécurité.

roue de Ferris

En 1893, pendant les 10 semaines de l'Exposition universelle, 1,5 million de passagers vinrent de partout pour monter à bord de ce manège unique en son genre.

Après l'exposition, la roue de Ferris fut démantelée. Elle ne sera remontée qu'une seule fois, lors de l'Exposition universelle de St-Louis en 1904, avant d'être détruite. Aujourd'hui, son âme subsiste encore dans les carnavals, les foires et les parcs d'attractions du monde entier !

L'ŒIL DE LONDRES

Le *British Airways London Eye*, ou « l'œil de Londres », est présentement la plus haute roue d'observation au monde. Les Londoniens l'ont construite pour les célébrations de l'an 2000. Cette roue démesurée de 135 mètres de hauteur (l'équivalent d'un édifice de 45 étages) peut accueillir jusqu'à 800 passagers. À l'occasion des futurs Jeux olympiques de Pékin, en 2008, les Chinois construiront une grande roue de 720 places et d'une hauteur de 210 mètres. Bien que les roues de Londres et de Pékin soient gigantesques, elles sont bien loin de pouvoir accueillir la capacité de passagers de la première grande roue érigée par Ferris !

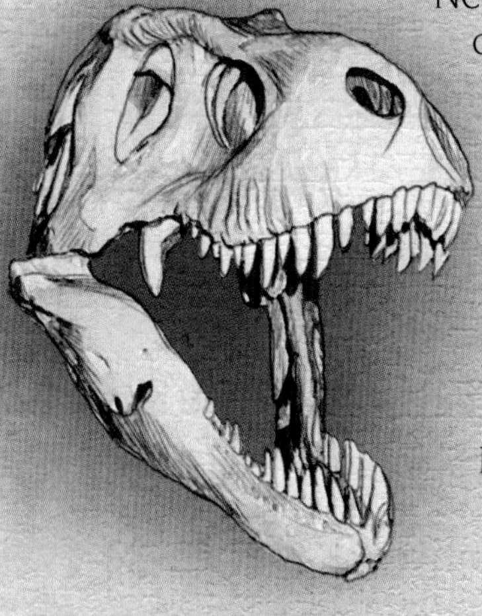

Ne quittez pas Chicago sans aller jeter un œil à l'immense collection de son Musée d'histoire naturelle. Entre un magnifique masque polynésien, un effroyable squelette de tyrannosaure et une momie égyptienne millénaire, vous trouverez peut-être une lettre de l'énigme : **la première lettre du nom de la ville qui a accueilli la première grande roue.**

À partir de Chicago, vous pouvez vous rendre à...

31
Valcourt, Canada
1 200 km
l'an 1937

Prenez place dans un canoë d'écorce amérindien et pagayez jusqu'à la

page 93 ➡

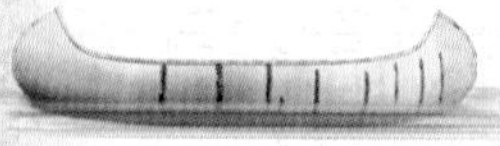

Les Amérindiens utilisaient l'écorce de bouleau pour fabriquer des canoës. Ces embarcations robustes et légères permettaient de se rendre des Grands Lacs au golfe du Saint-Laurent. De quoi se faire des muscles !

28
Menlo Park, É.-U.
1 100 km
l'an 1879

Grimpez dans un hélicoptère VS-300 et envolez-vous vers l'est pour vous poser à la

page 71 ➡

En 1939, un ingénieur américain d'origine russe, Igor Sikorsky, inventa le VS-300, considéré comme le premier hélicoptère. Pour la première fois, les pilotes pouvaient s'immobiliser dans les airs en plus de décoller et atterrir à la verticale. Pratique pour les sauvetages en mer ou en montagne !

26
San Francisco, É.-U.
3 000 km
l'an 1971

Attelez votre chariot et suivez les *schooners* des prairies jusqu'à la

page 49 ➡

Au 19e siècle, les pionniers qui partaient à la conquête de l'Ouest voyageaient en convois de 100 chariots ou plus. Dans la prairie, les toiles blanches qui recouvraient les chariots faisaient penser à des bateaux à voiles, d'où leur appellation de *schooners*, en l'honneur des voiliers du même nom.

1

Berkeley, Grande-Bretagne
l'an 1802

Vous êtes au cœur de la belle campagne anglaise, parsemée de collines verdoyantes et de pâturages où broutent d'innombrables vaches. Après avoir croisé le somptueux château de Berkeley, vous passez devant une église à côté de laquelle se trouve une belle demeure entourée d'un jardin. Approchez-vous. Parmi les vignes, vous apercevez une étrange petite hutte coiffée d'un toit de chaume. Entrez donc!

Un homme muni d'un couteau est assis au centre de la hutte. Placés à la queue leu leu, des enfants attendent sagement leur tour pour rencontrer ce personnage menaçant. À l'aide de son instrument, l'homme pratique une incision dans le bras d'un des enfants puis introduit dans la plaie une substance des plus dégoûtantes. Et hop! Au suivant. Les pauvres enfants seraient-ils victimes d'une dangereuse expérience? Et si cette substance douteuse les rendait tous malades!

Soyez sans crainte ! L'homme de la hutte n'est nul autre qu'Edward Jenner, un médecin de campagne. Son étrange pratique, loin d'être dangereuse, contribuera, au contraire, à sauver des centaines de millions de vies. Sa technique s'appelle la vaccination.

•••

Au 18e siècle, la principale cause de mortalité en Europe était la variole, une grave maladie contagieuse qui tuait des millions de personnes, surtout des enfants. Les gens infectés devenaient fiévreux et développaient des pustules. Un malade sur trois en mourait.

À la même époque, les valets de ferme étaient souvent atteints de la vaccine, une maladie sans gravité, qui leur était transmise par des vaches infectées. Le médecin de campagne Edward Jenner constata que les humains qui avaient eu cette maladie ne contractaient pas la variole. Il eut alors l'idée de prélever du pus de la main d'une femme infectée par la vaccine et de l'introduire dans le bras d'un jeune patient de 8 ans du nom de James Phipps. Celui-ci contracta la vaccine et s'en remit rapidement. Trois mois plus tard, Jenner inocula le virus de la variole au petit Phipps. Au grand soulagement de tous, ce dernier demeura en bonne santé et ne contracta jamais la maladie mortelle. Fort de ce succès sans précédent, le docteur Jenner vaccina gratuitement des centaines de personnes contre le virus de la variole.

Le terme vaccination provient du mot latin « vacciniae » qui veut dire « vache » !

PASTEUR ET LE PRINCIPE DE LA VACCINATION

Au 19e siècle, le biologiste français Louis Pasteur découvrit que la propagation des maladies était causée par les microbes, de minuscules organismes au nombre desquels on retrouve les virus et les bactéries. Inspiré par l'expérience de Jenner, il expliqua le principe de la vaccination. Selon ses observations, des microbes affaiblis peuvent avoir un effet protecteur contre la maladie à laquelle le microbe sain est normalement associé. Dans l'expérience de Jenner, le microbe de la vaccine avait entraîné la production d'anticorps capables de combattre la variole, une maladie dangereuse causée par un virus ressemblant à celui de la vaccine. La découverte de Pasteur permit d'appliquer la vaccination à plusieurs autres maladies contagieuses.

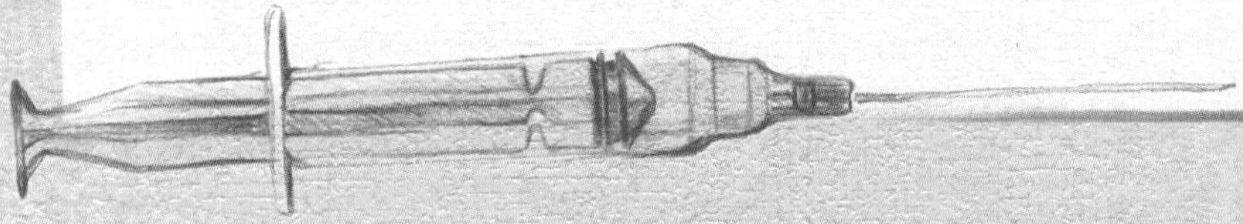

Grâce à la vaccination, la variole a disparu de la surface de la planète. De nombreuses autres maladies graves comme la rage, la typhoïde, la peste, le choléra, la coqueluche et la fièvre jaune peuvent également être évitées grâce à cette formidable découverte. Dans toute l'histoire de l'humanité, jamais trouvaille n'aura permis de sauver autant de vies !

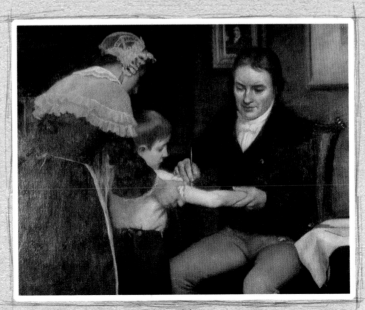

Edward Jenner

Ne quittez pas la Grande-Bretagne sans avoir visité Stonehenge, un site historique célèbre. Vous y découvrirez d'énormes blocs de pierre de 50 tonnes qui, pour des raisons encore obscures, ont été soulevés et savamment organisés par des humains de la préhistoire. Promenez-vous parmi ces géants de pierre et découvrez une lettre de l'énigme : **la première lettre du prénom de l'inventeur de la vaccination.**

À partir de la campagne anglaise, vous pouvez vous rendre à...

11
Bjorko, Suède
1 500 km
l'an –1000

Glissez-vous dans un kayak inuit et pagayez sur la mer du Nord jusqu'à la **page 45** ➡

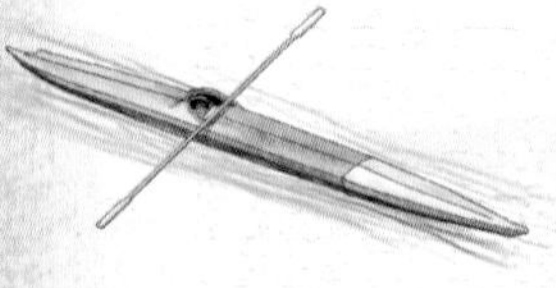

Lorsqu'ils explorèrent l'Arctique, au 19e siècle, les Européens virent les Inuits se déplacer dans d'étranges canoës recouverts de peau de phoque. Grâce à une ouverture circulaire, les Inuits se glissaient dans leur embarcation et filaient entre les glaciers.

2
Londres, G.-B.
200 km
l'an 1925

Embarquez dans la diligence à vapeur et demandez au cocher de vous laisser descendre à la **page 107** ➡

En 1801, l'ingénieur anglais Richard Trevithick inaugura la première diligence à vapeur. Cette grande voiture pouvait transporter sept passagers à une vitesse de 13 km/h. L'invention n'était pas parfaite... Après quelques voyages, la chaudière prenait feu !

29
New York, É.-U.
5 400 km
l'an 1854

Montez à bord du plus luxueux transatlantique de la compagnie White Star Line et naviguez vers la **page 54** ➡

Le début du 20e siècle correspond à l'apogée des gros transporteurs maritimes. De gigantesques paquebots rivalisaient en dimensions et en rapidité pour conduire les passagers européens, riches ou pauvres, jusqu'en Amérique, alors en pleine expansion.

25

Majuro, îles Marshall
l'an –100

Vous voguez au cœur de l'océan Pacifique, au large de l'île Majuro, en Polynésie. Après une matinée de pêche fructueuse passée en compagnie d'un ami, voilà que le ciel s'obscurcit... En un rien de temps, une pluie battante et de hautes vagues déferlent sur votre voilier. Accrochez-vous !

Lorsque les vents se calment enfin, vous réalisez que vous êtes perdus. Où est votre île ? Vous ne voyez que l'océan à perte de vue. Votre compagnon semble beaucoup moins inquiet que vous. Il sort un drôle de support rectangulaire fait de baguettes de bois entrecroisées. Puis, il tend les bras et place le rectangle face à l'horizon. Après quelques secondes de concentration qui vous semblent une éternité, il pointe une île imaginaire. Vous avez beau braquer votre regard sur l'horizon, vous ne voyez rien... rien que l'eau. Votre camarade aurait-il perdu la tête suite à la tempête ? Malgré votre scepticisme, vous faites voile dans la direction qu'il vous indique.

Quelques heures plus tard, une ombre se profile à l'horizon...

— Terre ! Terre !

Cela ne fait aucun doute : vous avez eu la vie sauve grâce à votre ami polynésien qui, sous vos yeux surpris, a utilisé une des premières cartes de navigation de l'histoire !

•••

Il y a plus de 2000 ans, les Polynésiens du sud-est de l'Asie furent les premiers humains à prendre le large à bord de voiliers rudimentaires. Ces aventuriers des mers parcoururent des milliers de kilomètres pour coloniser les îles éloignées du Pacifique. Excellents navigateurs, les Polynésiens se guidaient à l'aide du Soleil, des étoiles, des vagues, des courants, des nuages et des oiseaux. Ils furent les inventeurs de cartes de navigation originales composées de coquillages, représentant des îles, et de baguettes de bois orientées selon la direction des courants et des vagues.

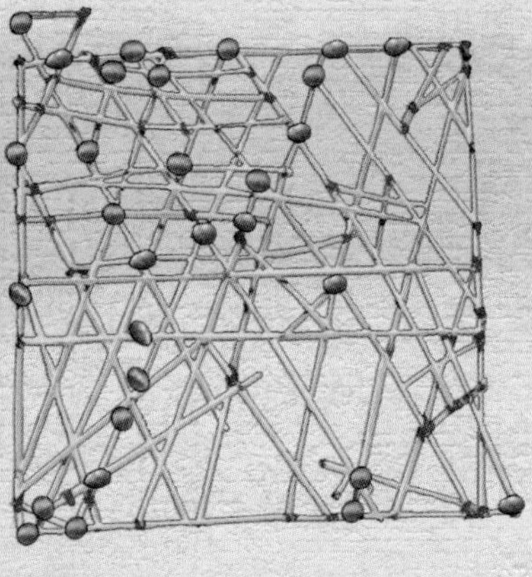

Les Européens ne dessinèrent des cartes marines qu'à la fin du 13e siècle. Ces dernières, appelées portulans, étaient inspirées des récits de marins. Elles représentaient approximativement la courbe des côtes et identifiaient l'emplacement des ports. Même si elles étaient imparfaites, ces cartes marines furent utilisées pendant près de 300 ans.

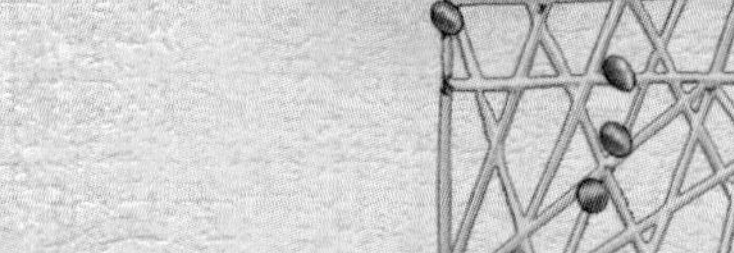

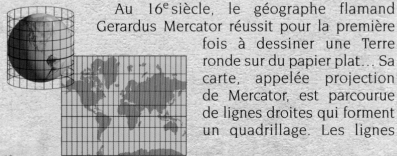

Au 16e siècle, le géographe flamand Gerardus Mercator réussit pour la première fois à dessiner une Terre ronde sur du papier plat... Sa carte, appelée projection de Mercator, est parcourue de lignes droites qui forment un quadrillage. Les lignes verticales sont appelées méridiens. Elles divisent la Terre d'est en ouest. Les lignes horizontales, appelées parallèles, la divisent du nord au sud. Grâce à ce nouvel outil, il devint alors beaucoup plus facile de se repérer en mer.

Plusieurs autres instruments de navigation furent inventés pour permettre aux navigateurs de s'orienter plus aisément et parcourir de plus grandes distances.

◀ La boussole a été inventée par les Chinois, il y a près de 1 000 ans. Elle indique le nord en tout point de la Terre.

L'astrolabe marin, qui est apparu au 15e siècle, utilise la position des astres pour calculer la latitude, ou la position nord ou sud du bateau par rapport à l'équateur. ▶

◀ Le chronomètre de marine a été inventé au 18e siècle. Il calcule précisément le temps écoulé depuis le départ du port, établissant ainsi la longitude, ou la position est ou ouest du navire.

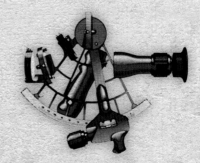

Le sextant est apparu au 18e siècle. ▶ Il permet de naviguer selon la position des étoiles avec plus de précision que jamais.

Avant de quitter les îles du Pacifique, promenez-vous pieds nus dans le sable blanc, parmi les cocotiers. Plongez ensuite dans les eaux turquoise de ce paradis tropical ! Vous découvrirez des coraux, des poissons multicolores, des tortues de mer, des dauphins et avec un peu de chance… une lettre de l'énigme : **la dernière lettre du nom de l'océan colonisé par les Polynésiens.**

À partir des îles Marshall, vous pouvez vous rendre à…

22
Bianliang, Chine
6 700 km
11e siècle

Exercez vos jambes sur un bateau à roues à aubes chinois jusqu'à la

page 28 ←

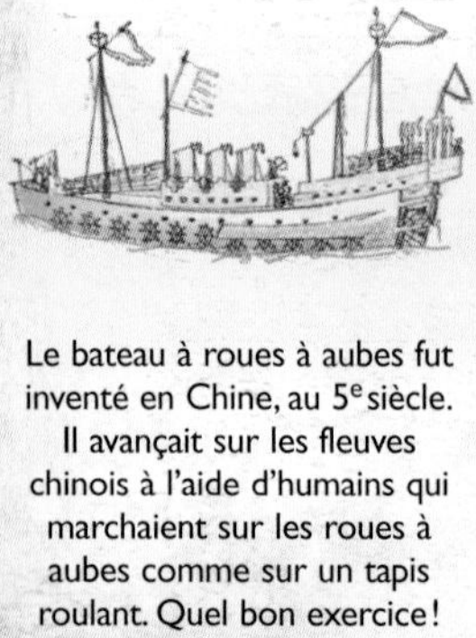

Le bateau à roues à aubes fut inventé en Chine, au 5e siècle. Il avançait sur les fleuves chinois à l'aide d'humains qui marchaient sur les roues à aubes comme sur un tapis roulant. Quel bon exercice !

33
Cuzco, Pérou
12 500 km
l'an 1525

Hissez la voile d'un prao volant et traversez l'océan à vive allure jusqu'à la

page 63 →

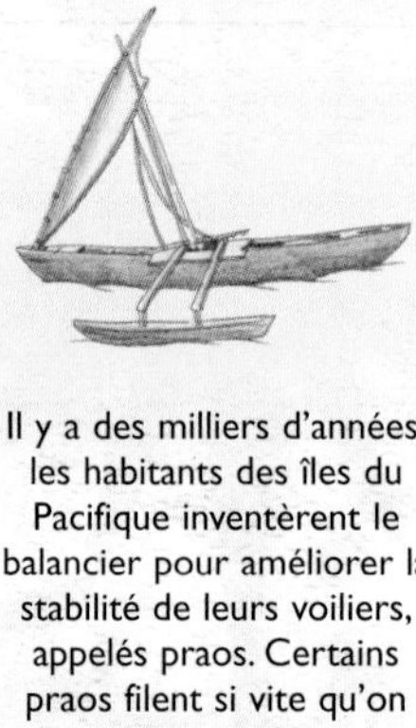

Il y a des milliers d'années, les habitants des îles du Pacifique inventèrent le balancier pour améliorer la stabilité de leurs voiliers, appelés praos. Certains praos filent si vite qu'on a l'impression qu'ils volent au-dessus de l'eau, tels des poissons volants !

24
Melbourne, Australie
5 600 km
l'an 1978

Le commandant Cook vous invite à monter à bord du *Endeavour* à destination de la

page 119 →

Au 18e siècle, l'explorateur James Cook quitta l'Angleterre à bord de son navire *Endeavour* et parcourut l'océan Pacifique. Il explora une multitude d'îles et découvrit la Nouvelle-Zélande et l'Australie. Il parvint même à longer l'Antarctique !

11

Bjorko, Suède
l'an –1000

Vous avancez prudemment sur un grand lac gelé. Le froid est glacial et le vent fouette votre visage. La nuit semble éternelle dans cette contrée du nord de l'Europe où le soleil disparaît au cours du long hiver. Vous concentrez toutes vos énergies à ne pas perdre pied sur la surface glacée. Au loin, les loups poussent des hurlements qui vous figent le sang.

Vous apercevez soudain des rennes qui, tout comme vous, traversent le lac avec maladresse. Les pauvres bêtes semblent paniquées. Regardez là-bas ! Un prédateur les poursuit ! Son ombre fend l'air avec la rapidité d'une flèche… Vous n'avez jamais vu un animal aussi habile sur la glace. Il est plus rapide que l'ours, l'élan et même le loup !

Regardez le prédateur de plus près. Il ne s'agit pas d'une horrible bête à quatre pattes, mais d'un humain qui poursuit sa proie ! Le chasseur porte à ses pieds des chaussures qui semblent parfaitement adaptées à la surface glacée et lui permettent de glisser à vive allure. Ces étranges chaussures sont les premiers patins.

•••

Les patins à glace datent de plus de 3000 ans et sont originaires de Scandinavie, une région du nord de l'Europe. La lame des premiers patins était fabriquée avec l'os d'un gros animal, comme le renne ou l'élan, et fixée à la chaussure à l'aide de sangles de cuir. Pour avancer (et surtout garder son équilibre !), le patineur devait utiliser un bâton.

patin scandinave

Les premiers modèles de patins munis d'une lame de fer apparurent également en Scandinavie, il y a plus de 1700 ans. Quelques siècles plus tard, les navigateurs vikings, originaires de cette contrée nordique, entreprirent des expéditions maritimes et répandirent le patinage à travers toute l'Europe. Les premiers patins à lame aiguisée apparurent en Hollande, au 14e siècle. Dès lors, plus besoin de bâton pour se déplacer ! Un simple coup de patin suffit.

Le patinage est aujourd'hui l'une des activités hivernales les plus pratiquées. Des disciplines comme le patinage de vitesse, le patinage artistique et le hockey sur glace figurent aux Jeux olympiques d'hiver.

◀ Le patinage de vitesse fut inventé en Hollande où des courses sont organisées sur les canaux gelés depuis plus de 500 ans.

Le patinage artistique fut lancé en 1864 ▶ par un danseur américain du nom de Jackson Haines, qui adapta les mouvements du ballet au patinage sur glace.

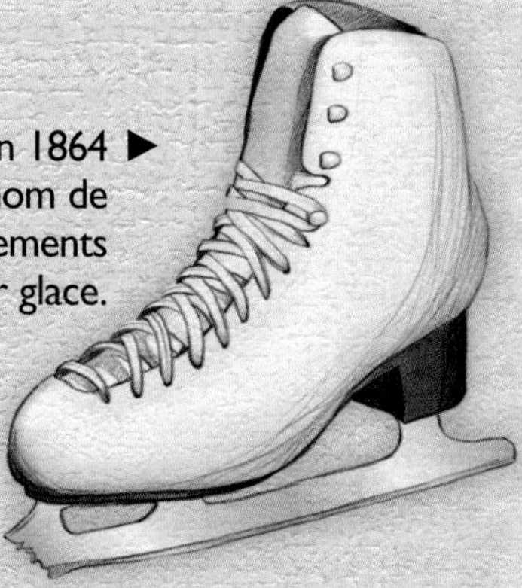

◀ Le hockey sur glace est dérivé de plusieurs sports d'équipe tels que la crosse amérindienne ou le *bandy* anglais. La première joute officielle eut lieu en 1875, à Montréal, au Canada.

LE PATIN À ROULETTES

En 1760, un Belge du nom de John Joseph Merlin conçut les premiers patins à roues alignées. Voulant les rendre populaires, il assista à un bal londonien chaussé de son invention. Malheureusement, il fut incapable de se diriger ni même de freiner et se blessa en percutant un miroir. Son invention sombra dans l'oubli. En 1863, l'Américain James Plimpton inventa un patin à quatre roues facile à contrôler qui conquit le monde entier. Il faudra attendre les années 1990 pour que les patins à roues alignées soient «réinventés»...

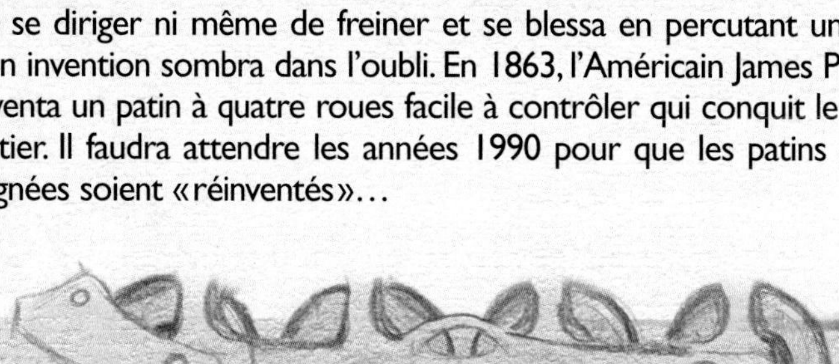

Ne quittez pas la Scandinavie sans avoir admiré ses côtes découpées par de vertigineux fjords. Ces golfes étroits ont été façonnés par l'action des glaciers. Lors de votre excursion, jetez aussi un œil vers le ciel. Vous aurez peut-être la chance d'y apercevoir les lueurs multicolores d'une aurore boréale... ou une lettre de l'énigme: **la dernière lettre du nom de la ville où s'est déroulée la première joute officielle de hockey sur glace.**

À partir de la Scandinavie, vous pouvez vous rendre à...

1
Berkeley, G.-B.
1 500 km
l'an 1802

Embarquez dans un drakkar viking et emparez-vous de la **page 37**

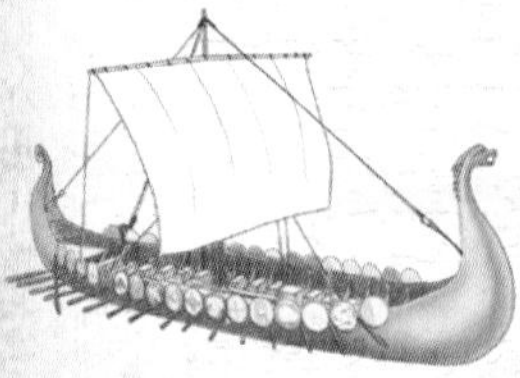

Au Moyen Âge, les Vikings effectuèrent d'impitoyables razzias en Europe à bord de drakkars, des navires de guerre à voiles carrées et à rames. D'autres bateaux, destinés à l'exploration, permirent aux Vikings de découvrir l'Islande, le Groenland et même le Nouveau Monde, 500 ans avant Christophe Colomb!

5
Middelburg, Pays-Bas
1 200 km
l'an 1608

Enfilez des raquettes et bravez la neige jusqu'à la **page 11**

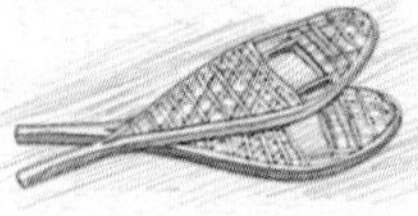

Pour marcher sur la neige, les habitants des pays nordiques inventèrent la raquette. Cet accessoire était fait d'intestins d'animaux tressés et tendus dans un cadre de bois. Les Scandinaves appréciaient tellement les raquettes que même leurs chevaux en chaussaient!

19
Baïkonour, Kazakhstan
3 000 km
l'an 1960

Chaussez des skis et dévalez les pentes jusqu'à la **page 67**

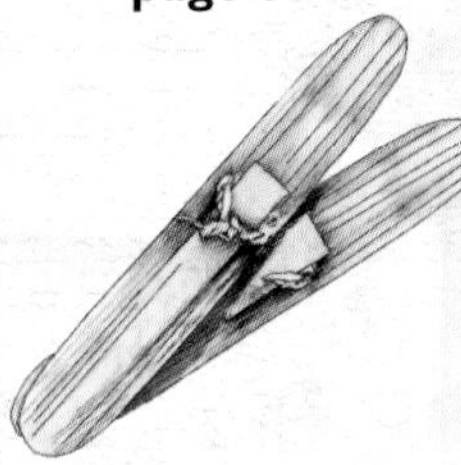

Dès l'âge de pierre, les humains attachaient des planchettes de bois à leurs pieds pour se déplacer l'hiver sur les étendues enneigées d'Asie et d'Europe. En Russie, des archéologues ont découvert les vestiges d'un ski vieux de 8 000 ans!

26

San Francisco, États-Unis
l'an 1971

Vous vous baladez dans une vallée fertile située au sud-est de San Francisco, en Californie. Ici s'étalent une multitude de pruniers, de cerisiers et d'abricotiers. Comme les fruits poussent à profusion, la région est surnommée *Valley of Heart's Delight*, ou Vallée des délices.

Vous l'ignorez encore, mais la contrée où vous vous trouvez est sur le point d'être transformée à jamais ! Des minuscules puces, sorties du sable, s'apprêtent en effet à infester la vallée, le pays, puis le monde entier ! Elles envahiront les villes et même votre maison !

Pas de panique! La bestiole dont il est question ici n'est pas un terrible insecte ravageur mais bien... un microprocesseur! Il s'agit d'une plaquette de silicium, un élément chimique provenant entre autres du sable, sur laquelle est gravée une multitude de petits circuits électroniques. Cette invention de la grosseur d'un ongle fera basculer les humains dans l'ère de l'informatique en permettant l'avènement des micro-ordinateurs!

microprocesseur

•••

En 1945, des chercheurs de l'Université de Pennsylvanie, aux États-Unis, mirent au point l'ENIAC, un grand calculateur considéré comme l'ancêtre de l'ordinateur. Cette machine à calculer gigantesque pouvait résoudre en 20 secondes un problème nécessitant autrefois deux jours de travail! Occupant une vaste pièce, l'ENIAC consommait autant d'énergie qu'une usine. Il fonctionnait à l'aide de plusieurs centaines de kilomètres de câbles électriques reliant ensemble 18 000 tubes à vide. Les tubes des grands calculateurs étaient essentiels au contrôle des signaux électriques, mais ils étaient malheureusement encombrants, dispendieux et brûlaient fréquemment.

ENIAC

En 1947, trois chercheurs des laboratoires Bell, aux États-Unis, fabriquèrent le premier transistor, une brillante solution de rechange aux tubes à vide. Les transistors sont faits d'un matériau que l'on dit semi-conducteur, comme le silicium. Ils agissent comme des interrupteurs qui, en position «ouvert» ou «fermé», contrôlent le courant électrique passant dans les circuits. La somme des signaux ouverts ou fermés permet de former un message codé que l'ordinateur peut déchiffrer et exécuter.

Enfin, en 1971, Marcian Edouard Hoff, un ingénieur travaillant pour l'entreprise Intel®, parvint à placer 2300 transistors sur une plaquette de silicium de 3 millimètres par 4 millimètres! Ce fut la naissance du microprocesseur. Cette petite merveille pouvait effectuer jusqu'à 60000 opérations par seconde!

calculatrice de poche

Aujourd'hui, les microprocesseurs contiennent des millions de transistors et peuvent exécuter des centaines de millions d'instructions à la seconde! Nul doute qu'ils ont littéralement révolutionné notre vie quotidienne. Les microprocesseurs permettent de fabriquer des appareils très performants et peu encombrants comme la calculatrice de poche ou le micro-ordinateur. Ils permettent également de naviguer sur Internet et de jouer à des jeux vidéo. Ils sont intégrés aux voitures, aux feux de circulation, aux thermostats, aux robots industriels et à une multitude d'appareils électroniques comme le téléphone, la télévision ou le magnétoscope.

micro-ordinateur

LA SILICON VALLEY

Le microprocesseur a été développé en Californie par une entreprise installée dans la Vallée des délices. Cette dernière a été rebaptisée Silicon Valley, ou Vallée du silicium, car les industries de haute technologie ont peu à peu remplacé les champs fruitiers de cette région.

Ne quittez pas la Californie sans visiter Hollywood, la capitale mondiale du cinéma ! Allez sautiller sur les étoiles de bronze du trottoir du *Hollywood Boulevard*. Les noms des plus grandes stars y sont gravés. Et hop... Marilyn Monroe, Elvis Presley, Tom Cruise, Britney Spears, Mickey Mouse et hop... une lettre de l'énigme : **la première lettre du nom du gigantesque calculateur considéré comme l'ancêtre de l'ordinateur.**

À partir de la Californie, vous pouvez vous rendre à...

27
Chicago, É.-U.
3000 km
l'an 1893

Montez dans une diligence et affrontez les cahots et la poussière jusqu'à la
page 127 ➜

Au 19e siècle, les voyageurs américains empruntaient les diligences, des voitures tirées par des chevaux. La compagnie Wells Fargo assurait la liaison entre l'est et l'ouest du pays. Le voyage durait plusieurs semaines et les pistes de l'Ouest étaient semées d'embûches.

23
vallée du fleuve Jaune, Chine
9 500 km
l'an –2737

Pénétrez dans le sous-marin *Nautilus* et enfoncez-vous dans l'océan Pacifique jusqu'à la
page 19 ⬅

Inauguré en 1955 aux États-Unis, le *Nautilus* fut le premier sous-marin propulsé par des réacteurs nucléaires. Ces réacteurs permettent aux sous-marins de voyager sous l'eau pendant des mois sans remonter à la surface !

32
Tenochtitlán, Mexique
3 000 km
l'an 1519

Embarquez à bord d'un Boeing 247 et décollez en direction de la
page 115 ➜

Le 8 février 1933, la compagnie Boeing lança le premier avion moderne commercial : le Boeing 247. L'appareil pouvait traverser les États-Unis en moins de 20 heures, avec 10 passagers à bord. Toutefois, seuls les voyageurs riches pouvaient se payer un billet...

Edfou, Égypte

Il sera difficile de vous rendre à Ujjayini, en Inde, avec la barque solaire ! En effet, la barque royale de Kheops ne sert pas à la navigation, mais à des funérailles. Lors du décès du pharaon, cette embarcation est enterrée au pied de la grande pyramide qui forme son tombeau. Le bateau doit transporter le pharaon dans son voyage vers l'au-delà. Comme vos intentions ne sont certainement pas de mourir, revenez à la page 126…

océan Atlantique

Pas de veine! Le paquebot qui doit vous mener à New York se nomme *Titanic*... La nuit du 14 avril 1912, le navire va trop vite et est incapable d'éviter un iceberg, au large de Terre-Neuve. Il coule en moins de trois heures, emportant avec lui plus de 1500 personnes. Heureusement, vous réussissez à trouver refuge dans un canot de sauvetage. Le navire *Carpathia* vous repêche et vous débarque à la page 141...

20
Ujjayini, Inde
5e siècle

Vous avancez prudemment à dos d'éléphant, à l'ombre des plus hautes montagnes du monde. Si vous vous croyez en balade, détrompez-vous, car le champ qui se trouve sous votre monture est en réalité un champ de bataille où deux armées s'affrontent. Cramponné à votre éléphant, vous faites partie des troupes du grand radjah, le roi indien. Le bataillon a déjà subi de lourdes pertes et il ne reste qu'un éléphant (le vôtre !), deux cavaliers, un char et trois fantassins pour protéger le radjah.

Nom d'un tigre ! L'ennemi vient de vous tendre une embuscade ! Un cavalier ennemi fonce sur le radjah… Dans une ultime manœuvre, vous avancez pour le protéger, prêt à vous sacrifier pour lui ! Le cheval ennemi se précipite maintenant sur vous !

— Noooooooooooon !

Vous êtes perdu. Votre monture s'écroule avec vous. Soudain… une main gigantesque descend du ciel et s'empare de vous…

— Échec et mat !

Désolé, on peut dire que vous n'êtes qu'un pion... un pion sur l'échiquier ! Votre seule consolation est que vous n'êtes pas vraiment mort, car tout ceci n'est qu'un jeu. Mais pas n'importe lequel ! Il s'agit ici du *chaturanga*, considéré comme l'ancêtre direct des échecs, le jeu de plateau le plus populaire du monde !

En sanskrit, l'ancienne langue indienne, le mot *chaturanga* veut dire « quatre forces ». Ces quatre forces font référence aux divisions qui composent l'armée du radjah : les fantassins (soldats à pied), les cavaliers, les éléphants et les chars.

« Échec et mat » est une déformation de l'expression arabe « al shâh mat » qui veut dire « le roi est mort ».

Au 6e siècle, un radjah indien fit cadeau d'un échiquier aux Perses (habitants de l'actuel Iran). Ceux-ci adoptèrent aussitôt le jeu indien et le transmirent aux Arabes, qui l'introduisirent, autour du 11e siècle, aux Européens. Ces derniers adaptèrent le jeu à leur environnement médiéval. Le vizir (grand ministre du roi), élément introduit par les Perses, se transforma en reine, les éléphants devinrent les fous du roi et les chars se changèrent en tours de château. Peu importe les personnages, le but du jeu resta toujours le même : capturer les pièces adverses mais, surtout, le roi ennemi, ce qui met fin à la partie.

Sur une surface quadrillée de 64 cases appelée échiquier, deux armées adverses se font face.

LES PIÈCES DE L'ÉCHIQUIER

Les **pions** (fantassins) sont situés en première ligne et forment la majorité de l'armée. Ils bougent d'une case à la fois, toujours vers l'avant, et capturent les pièces adverses en diagonale.

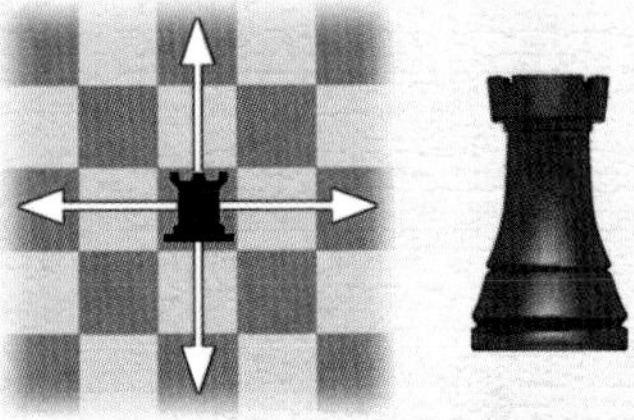

Les **tours** peuvent se déplacer (et réaliser des captures) vers l'avant, l'arrière ou sur les côtés, toujours en ligne droite et d'un nombre illimité de cases, tant que rien ne bloque leur passage.

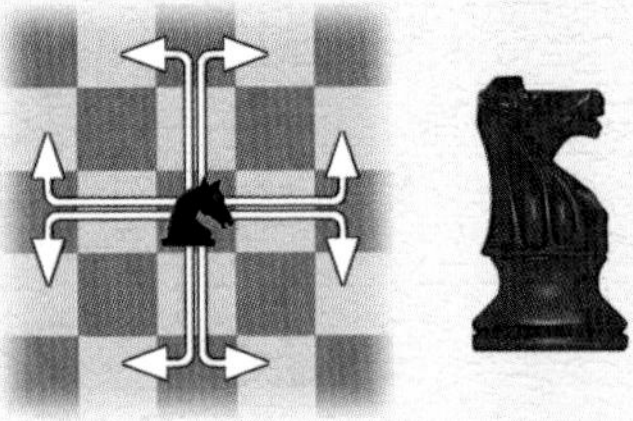

Les **cavaliers** se déplacent en « L » dans n'importe quelle direction. C'est la seule pièce du jeu capable de sauter par-dessus d'autres pièces lors d'un mouvement ou d'une capture.

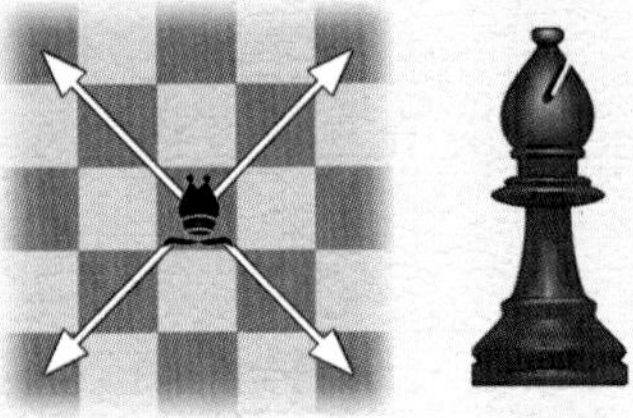

Les **fous** bougent toujours en diagonale d'un nombre illimité de cases, à condition que rien ne bloque leur passage.

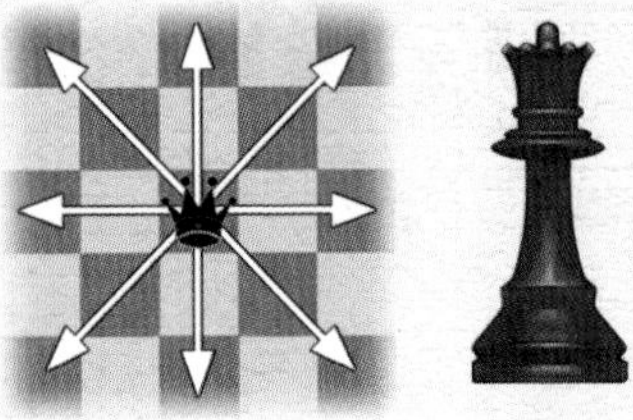

La **reine** peut se déplacer et capturer les pièces adverses dans toutes les directions, en ligne droite comme en diagonale et d'un nombre illimité de cases, tant que rien ne bloque son passage.

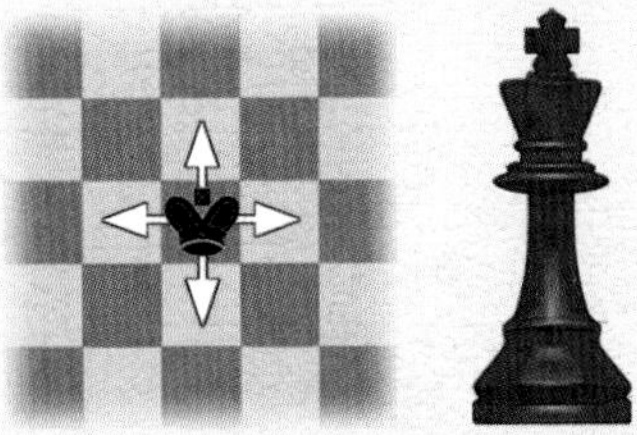

Le **roi** est bien entendu la pièce la plus importante du jeu. Il peut bouger dans n'importe quelle direction, mais toujours d'une seule case à la fois.

Avant de poursuivre votre voyage vers d'autres contrées exotiques, attardez-vous quelque peu en Inde où de multiples parfums de fleurs et d'épices embaument l'air. Admirez ces tissus aux couleurs vives que portent les Indiens ! Aussi, déposez une fleur de jasmin dans vos cheveux et faites un peu de yoga.

Inspirez……. Expirez…….

Une fois le stress évacué, passez donc voir le charmeur de serpent qui, avec sa flûte envoûtante, fera sortir de son panier, non seulement un cobra, mais deux lettres de l'énigme : **la première et la deuxième lettre du nom du jeu considéré comme l'ancêtre des échecs.**

À partir de l'Inde, vous pouvez vous rendre à…

18
Ourouk, Irak
2 800 km
l'an –3500

Par ici les têtus, la charrette muletière vous emmènera à la **page 111 ➔**

Les charrettes muletières sont utilisées depuis près de 3 000 ans pour le transport des marchandises. La mule est peut-être têtue, mais elle a l'avantage de supporter des températures extrêmes. De plus, elle peut parcourir jusqu'à 90 km par jour !

14
gorges d'Olduvai, Tanzanie
5 500 km
l'an –2 500 000

Exercez vos talents de pêcheur à bord d'un oruwa et voguez vers la **page 15 ⬅**

Les oruwas sont des embarcations à voile munies d'un balancier pour maintenir l'équilibre lorsque la mer est houleuse. Ces voiliers sont utilisés depuis longtemps par les pêcheurs du Sri Lanka, une île située au sud-est de l'Inde dans l'océan Indien.

21
Changan, Chine
3 500 km
l'an –200

Hélez un tuk-tuk et demandez au chauffeur de vous conduire à la **page 133 ➔**

Le tuk-tuk est un taxi à trois roues utilisé en Extrême-Orient. Ce petit véhicule motorisé permet de se faufiler entre les voitures et d'éviter les embouteillages, mais il répand une fumée et un bruit d'enfer !

8

Pontecchio, Italie
l'an 1895

Vous gambadez à travers les collines de Pontecchio, un hameau situé près de la ville de Bologne, en Italie. Alors que vous parvenez au sommet d'un coteau, vous apercevez une spacieuse villa aux teintes ensoleillées. Une onde de curiosité vous entraîne vers la porte d'entrée. Ouvrez !

Montez immédiatement au grenier, situé au troisième étage. Là, une fenêtre à demi ouverte laisse pénétrer timidement la lumière du jour. Vous apercevez un drôle d'objet sur une table. Allez voir de plus près. Alors que vous vous apprêtez à prendre l'objet, celui-ci émet un « bip » qui vous fait sursauter ! Vous ne lui avez même pas touché ! Qui a déclenché ce bruit ? Le cœur battant, vous regardez autour de vous et sous la table à la recherche d'un indice. Rien.

Bip ! Bip ! Biiiiiiiip ! Bip !

On dirait que cet objet tente de vous dire quelque chose…

Vous venez d'être témoin d'un événement extraordinaire. Pour la première fois de l'histoire, un objet a été télécommandé, c'est-à-dire commandé à distance. Le responsable de ce prodige ? Un jeune homme de 21 ans, assis à l'autre bout du grenier, qui actionne l'appareil à l'aide d'une antenne émettrice. Son nom est Guglielmo Marconi. Il est l'inventeur de la radio et des communications sans fil !

•••

Vers la fin du 19e siècle, des scientifiques comme l'Écossais James Maxwell et l'Allemand Heinrich Hertz avaient déjà découvert que de mystérieuses ondes invisibles voyageant dans les airs pouvaient être transformées en courant électrique. En 1895, le jeune Marconi se mit en tête d'utiliser ces ondes, baptisées ondes radio, pour envoyer des messages sur de longues distances… sans utiliser de fil ! Il bricola dans le grenier de la villa de ses parents des antennes permettant d'envoyer et recevoir un message radio en utilisant un code formé de bips électriques. Dans son jardin, avec des antennes toujours plus hautes et plus puissantes, il arriva à transmettre des signaux à des récepteurs situés hors de vue.

Guglielmo Marconi

L'invention de Marconi révolutionna la marine en permettant enfin aux bateaux de communiquer avec la terre et d'autres embarcations. De nombreux sauvetages purent ainsi être réalisés grâce à ce nouvel appareil. Le 12 décembre 1901, Marconi parvint à envoyer un signal sonore l'autre côté de l'Atlantique.

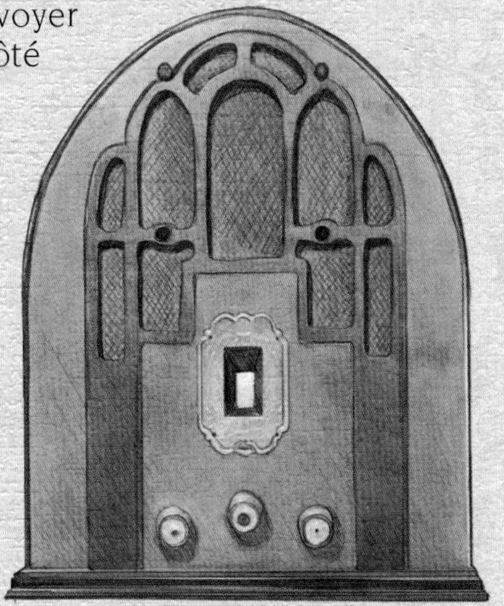

poste radio, 1931

Cinq ans plus tard, le physicien américain Reginald Fessenden transmit par radio, pour la première fois, la voix humaine et la musique. Dès 1920, les familles se rassemblèrent autour des premiers postes de radio pour écouter leurs émissions préférées.

Lorsque Marconi mourut en 1937, les stations de radio du monde entier observèrent deux minutes de silence en son honneur.

Aujourd'hui, nous vivons dans l'ère des communications sans fil ! Les ondes radio sont utilisées non seulement par la radio, mais aussi par les télévisions, les téléphones cellulaires, les télécommandes, les portes automatiques, les radars et les satellites.

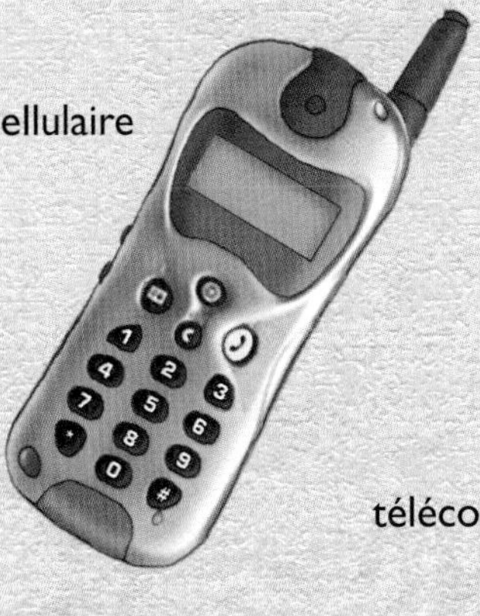

téléphone cellulaire

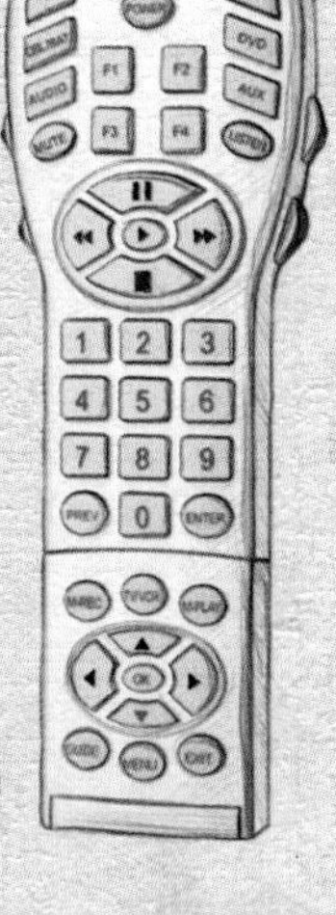

télécommande

Avant de quitter la région de Bologne, capitale gourmande de l'Italie, ne manquez pas de goûter à la savoureuse cuisine locale. Ahhhh... le spaghetti, le macaroni, le rigatoni, la pizza, la mozzarella et... una lettera dell'enigma: **la première lettre du prénom de l'Américain qui a transmis pour la première fois la voix humaine à la radio.**

À partir de Pontecchio, vous pouvez vous rendre à...

6
Lausanne, Suisse
450 km
l'an 1948

Assoyez-vous dans un téléphérique et montez tranquillement les Alpes jusqu'à la

page 85 ➔

Les premiers téléphériques furent installés au début du 20e siècle en Suisse et en Autriche. À bord d'une cabine suspendue à un câble, les passagers avaient une vue spectaculaire sur les Alpes. Enfin! Plus besoin d'être alpiniste pour respirer l'air frais des montagnes!

9
Florence, Italie
100 km
l'an 1505

Montez sur un scooter Vespa® et zigzaguez vers la

page 151 ➔

En 1946, les Italiens Enrico Piaggio, Renzo Spolti et Corradino d'Ascanio conçurent un scooter qu'ils nommèrent Vespa®, un mot italien qui signifie «guêpe». Pratique, élégant et abordable, l'engin connut un succès instantané.

4
Vallon-Pont-d'Arc, France
500 km
l'an –30 000

Aventurez-vous à bord de l'*Éole* et volez (bonne chance!) jusqu'à la

page 129 ➔

Le 9 octobre 1890, le Français Clément Ader effectua le tout premier décollage motorisé! À bord de son avion à vapeur en forme de chauve-souris, il accomplit un vol d'environ 50 m... à 20 cm du sol.

33

Cuzco, Pérou
l'an 1525

Vous marchez à quelques milliers de mètres d'altitude, sur le chemin de Cuzco, la capitale de l'empire inca. Vous allez rejoindre des dizaines de milliers d'Incas pour la fête du Soleil. Après avoir traversé les montagnes en empruntant de multiples tunnels, escaliers sinueux et ponts de corde suspendus, vous pénétrez enfin dans la somptueuse capitale. Le labyrinthe de rues étroites vous conduit devant l'imposante muraille de pierre du temple du Soleil. Une porte permet d'accéder à la cour intérieure. Entrez !

Vous avez le souffle coupé. La scène dépasse en beauté tout ce que vous pouviez imaginer. Vous avez devant vous un jardin d'or. Les arbres, les fleurs, l'herbe et même les animaux sont en or ! Juste derrière se dresse un temple recouvert du précieux métal jaune. Il resplendit sous les rayons du soleil ! Devant cet édifice éblouissant se tient l'empereur, fils du Soleil, avec ses habits dorés et son casque orné de plumes multicolores. Il s'apprête à planter dans les jardins le bien le plus précieux de l'empire…

Ce que l'empereur tient dans ses mains n'est pas de l'or, mais un simple épi de maïs. Cet aliment en apparence banal est, pour les Incas, le plus sacré d'entre tous. Chaque année, lors de la fête du Soleil, l'empereur plante symboliquement un épi pour favoriser les récoltes. Comme son empire est fondé sur l'agriculture, cet événement est crucial !

LA NAISSANCE DE L'AGRICULTURE

L'agriculture existe depuis près de 12000 ans. Les peuples de la Mésopotamie (aujourd'hui l'Irak) furent les premiers à remarquer que des graines dispersées par le vent donnaient naissance à des plantes. En imitant la nature, ils devinrent les premiers cultivateurs de l'histoire. La découverte de l'agriculture entraîna la naissance de grandes civilisations. Parmi celles-ci, les Incas, qui, il y a près de 500 ans, habitaient les Andes, une chaîne montagneuse d'Amérique du Sud. Les Incas menèrent l'agriculture à un niveau de perfection jamais atteint par les autres civilisations !

Pour augmenter la surface de terre cultivable et faciliter le travail de la terre, les Incas transformèrent les pentes abruptes des montagnes en escaliers géants appelés terrasses. En plus des terrasses, les Incas érigèrent un réseau de canaux, de barrages et de réservoirs qui permettait un approvisionnement constant des champs en eau, même lors de la saison sèche. Aussi, pour fertiliser les terres, les paysans utilisaient des engrais naturels dont le guano, des excréments d'oiseaux marins. Ces derniers étaient si précieux que quiconque tuait un oiseau marin risquait la peine de mort !

terrasses

Les Incas construisirent des centres destinés à la recherche agricole. On y développait des cultures distinctes adaptées aux divers climats du vaste empire, dont plusieurs centaines de variétés de patates et de maïs. Une partie des récoltes était redistribuée par le gouvernement pour que chaque région ait accès à une alimentation variée. De plus, un réseau de greniers permettait d'entreposer de la nourriture. Ainsi, malgré les conditions climatiques difficiles, les Incas ne souffraient jamais de la famine.

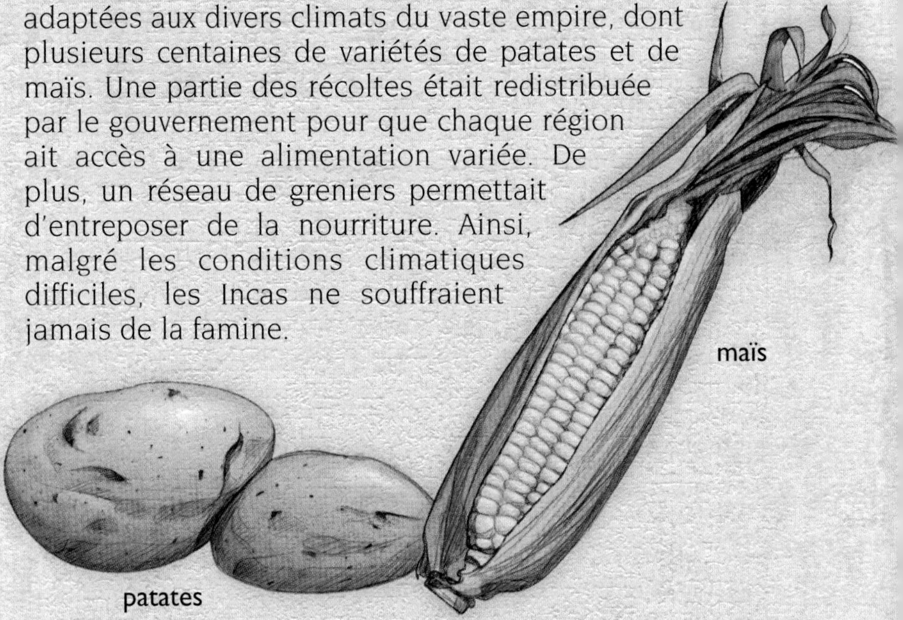

En colonisant l'Amérique au 16e siècle, les Européens découvrirent une multitude d'aliments dont ils ignoraient l'existence. Ils goûtèrent pour la première fois au maïs, à la patate, à la tomate, à l'arachide, au haricot, au poivron, au piment, à la courge, à l'ananas, à l'avocat et à la papaye. Les aliments développés et cultivés par les habitants des Andes représentent aujourd'hui plus de la moitié de tous les produits agricoles consommés dans le monde !

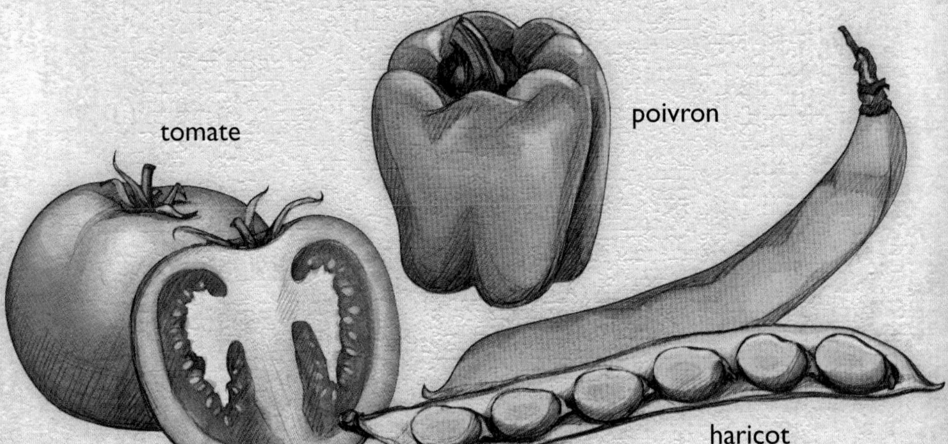

Suivez maintenant le majestueux vol du condor. Ce vautour géant vous mènera vers le Machu Picchu, une mystérieuse cité inca perdue dans les pics vertigineux. Là, à midi pile, les rayons du soleil frapperont la pierre sacrée de la cité et y dévoileront une lettre de l'énigme : **la quatrième lettre de la chaîne montagneuse où habitaient les Incas.**

À partir du Pérou, vous pouvez vous rendre à…

34
Amazonie, Brésil
2 000 km
18e siècle

Enfoncez-vous au cœur de la jungle en descendant le fleuve Amazone à bord d'une pirogue jusqu'à la
page 103 ➔

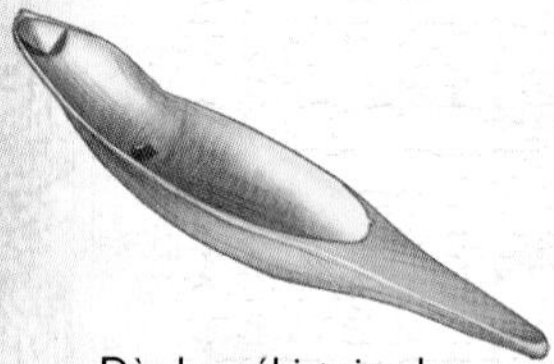

Dès la préhistoire, les humains coupèrent des troncs d'arbres en deux et en creusèrent l'intérieur avec des outils de pierre pour en faire des pirogues. Ces embarcations sont parfois hasardeuses. Mieux vaut savoir nager !

32
Tenochtitlán, Mexique
5 000 km
l'an 1519

À bord du ballon à air chaud *Condor I*, laissez-vous emporter par le vent jusqu'à la
page 115 ➔

La civilisation péruvienne nazca a peut-être volé avant tout le monde, il y a 1 500 ans. Pour le démontrer, l'Américain Jim Woodman construisit en 1975 une étrange montgolfière, s'inspirant des dessins trouvés sur des vases nazcas et utilisant le tissu dont disposait ce peuple. Son engin s'éleva à 90 m d'altitude !

25
Majuro, îles Marshall
12 500 km
l'an –100

Aventurez-vous sur le radeau *Kon-Tiki* et affrontez les vagues jusqu'à la
page 41 ⬅

En 1947, le Norvégien Thor Heyerdahl parcourut 6 970 km sur l'océan Pacifique, entre le Pérou et la Polynésie, sur un radeau rudimentaire baptisé *Kon-Tiki*. Il voulut prouver par cet exploit que les peuples sud-américains ont pu être les premiers à coloniser les îles du Pacifique.

19

Baïkonour, Kazakhstan
l'an 1960

Vous voici en Asie centrale, entouré d'une vaste plaine asséchée qui se déploie tel un interminable désert. L'herbe sous vos pieds est jaunie par un soleil cuisant. Le sifflement du vent se mêle au tintement des cloches des moutons qui broutent au loin.

Regardez là-haut ! Un engin traverse le ciel telle une comète ! Il file en direction du sol... Alors qu'il est sur le point de s'écraser, l'engin déploie un parachute et vient se poser en douceur à quelques mètres de vous. Le reflet du soleil sur cet étrange vaisseau argenté vous aveugle. Approchez-vous avec précaution pour examiner de plus près cet objet volant non identifié. Allez, un peu de courage et ouvrez la porte de la capsule.

Vous êtes frappé de stupeur ! Des créatures à quatre pattes accoutrées de combinaisons spatiales surgissent de l'habitacle et envahissent la steppe...

N'ayez aucune crainte, car les créatures en question sont deux chiennes, Belka et Strelka, accompagnées de deux rats et de quarante souris. Ce sont les premiers terriens à survivre à un voyage dans l'espace! Ils sont devant vous, bien vivants, pour en témoigner (même s'il demeure toutefois difficile de les questionner).

•••

Les premières fusées furent inventées par les Chinois autour de l'an 1000. Ces fusées n'étaient toutefois pas conçues pour aller dans l'espace, mais pour éclater dans le ciel et former de magnifiques feux d'artifice…

Vers la fin du 19e siècle, un Russe nommé Konstantine Tsiolkovski dessina les plans de la première fusée destinée à voyager dans l'espace. Le brillant physicien imagina des détails aussi précis que le nombre d'étages nécessaires à la fusée, la vitesse de propulsion et le type de carburant indispensable à un tel exploit. Ses plans, même s'ils n'ont jamais été réalisés, ont inspiré les concepteurs de fusées modernes.

En 1926, l'Américain Robert Goddard fabriqua une fusée « spatiale » qui atteignit la hauteur de 12,5 mètres lors d'un vol d'une durée de 2,5 secondes… Ce n'est que le 4 octobre 1957 qu'une fusée arriva à atteindre l'espace. Cette dernière mit en orbite *Spoutnik 1*, le premier satellite artificiel de l'histoire. La fusée fut lancée à partir du cosmodrome de Baïkonour, en Union soviétique (un ancien État qui comprenait entre autres la Russie et les pays d'Asie centrale). En 1961, après de multiples essais avec les animaux, les Soviétiques envoient enfin le premier humain dans l'espace !

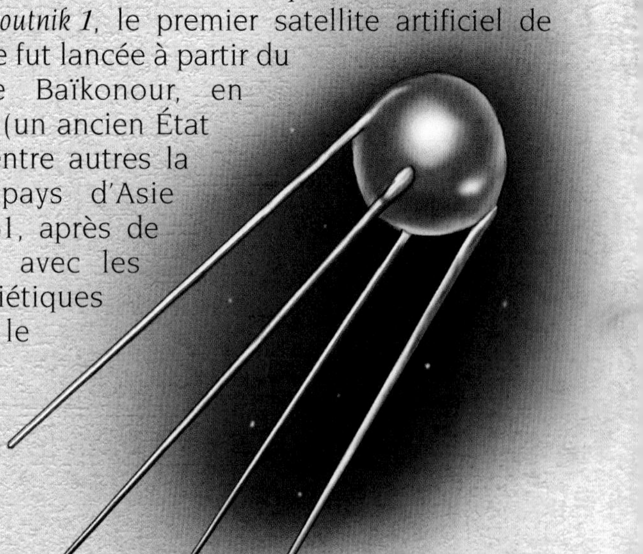

Spoutnik 1

Le 20 juillet 1969, c'est au tour des Américains d'accomplir un exploit hors du commun en envoyant des humains marcher sur la Lune. En posant le premier pied sur la surface lunaire, l'astronaute Neil Armstrong prononça une phrase historique : « C'est un petit pas pour l'homme, mais un grand pas pour l'humanité. »

Les Américains innovèrent encore, en 1981, en lançant le premier véhicule spatial réutilisable : la navette spatiale. Propulsée dans l'espace à l'aide d'une fusée, la navette peut revenir sur Terre comme un avion !

navette spatiale

LE FONCTIONNEMENT D'UNE FUSÉE

Un peu comme un ballon qui se dégonfle subitement de son air, la fusée est propulsée par des gaz qui s'échappent. En brûlant beaucoup de carburant, les moteurs produisent une immense quantité de gaz chauds qui sont éjectés vers le bas, projetant la fusée vers le haut. Les étages du véhicule spatial se détachent au fur et à mesure qu'ils sont vidés de leur combustible. Ainsi, la fusée s'allège peu à peu et finit par obtenir la vitesse nécessaire pour s'arracher à l'attraction terrestre… et atteindre l'espace !

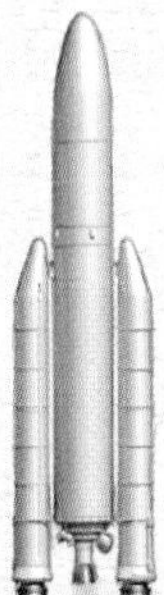

Les vastes steppes sauvages de l'Asie centrale sont propices aux courses de chevaux. Au galop ! Fendez l'air comme l'ont fait ici, avant vous, de grands cavaliers conquérants tels qu'Alexandre le Grand et Gengis Khan. Foulez le même sol que le célèbre voyageur italien Marco Polo ! Vous découvrirez, tout comme lui, les merveilles de l'Orient… et peut-être même une lettre de l'énigme : **la huitième lettre du nom de famille du dessinateur de la première fusée spatiale.**

À partir de Baïkonour, vous pouvez vous rendre à…

11
Bjorko, Suède
3 000 km
l'an –1000

Trouvez chaussure à votre pied et marchez d'un bon pas jusqu'à la **page 45**

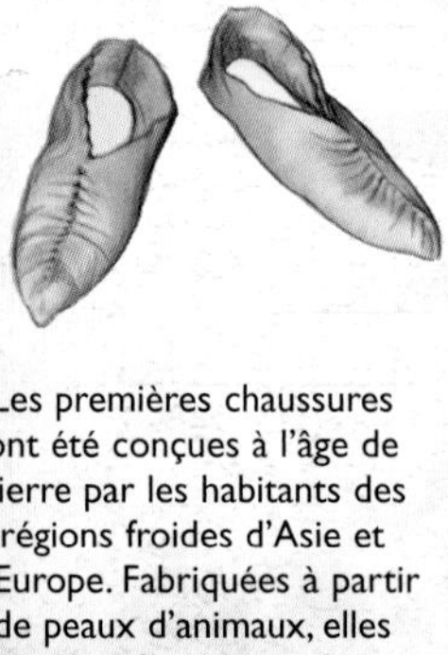

Les premières chaussures ont été conçues à l'âge de pierre par les habitants des régions froides d'Asie et d'Europe. Fabriquées à partir de peaux d'animaux, elles étaient beaucoup plus efficaces contre le froid et la neige… que les pieds nus !

17
Kish, Irak
2 200 km
l'an –3000

Voyagez dans une voiture démontable et arrêtez-vous pour camper à la **page 29**

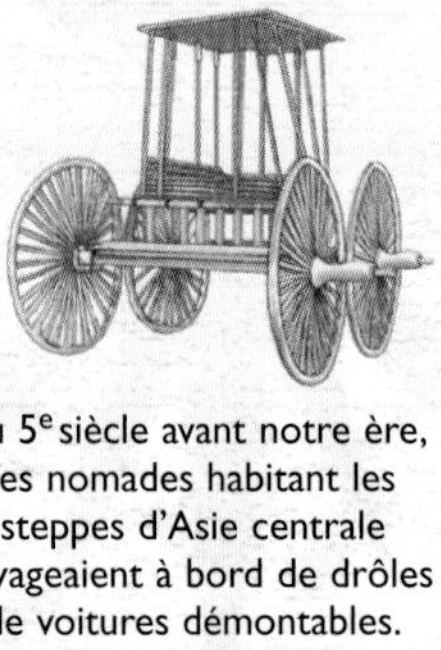

Au 5e siècle avant notre ère, les nomades habitant les steppes d'Asie centrale voyageaient à bord de drôles de voitures démontables. La nuit venue, ils retiraient la partie supérieure de la voiture et la plaçaient sur le sol pour en faire une tente.

23
vallée du fleuve Jaune, Chine
4 500 km
l'an –2737

5, 4, 3, 2, 1… Le vaisseau spatial *Vostok 1* est lancé et vous conduit en orbite jusqu'à la **page 19**

Le cosmonaute russe Youri Gagarine fut le premier homme à voyager dans l'espace. Le 12 avril 1961, il fit le tour de la Terre en 108 minutes, à bord du vaisseau spatial *Vostok 1*.

28

Menlo Park, États-Unis
l'an 1879

La nuit tombe sur le petit village de Menlo Park. Au croisement de la rue Christie et de la route Lincoln se dresse une maison à deux étages qui ressemble à une curieuse grange. Écoutez ! Derrière le hululement d'un hibou et les sifflements du vent, vous percevez un drôle de grésillement provenant du bâtiment. Envoûté, vous entrez…

Quelle obscurité ! Grattez une allumette, allumez votre bougie et dirigez-vous vers l'escalier. Brrr… les marches produisent un craquement qui vous glace le sang ! Au deuxième étage, vous vous retrouvez au centre d'un véritable bric-à-brac. Des tonnes d'objets tous aussi étranges les uns que les autres remplissent la pièce. Dans la pénombre, vous remarquez une étrange boule de cristal posée sur une table. Curieux, vous approchez votre bougie pour mieux l'éclairer quand, soudain, la boule s'éclaire d'elle-même… et illumine la pièce ! Comment cette drôle de lanterne a-t-elle pu s'allumer… sans allumette ? De la lumière sans feu ! Vous avez soudainement la chair de poule. Le bâtiment appartiendrait-il à un magicien ? Pire, la maison serait-elle hantée ?

Rassurez-vous ! Vous n'êtes pas dans une maison hantée, mais bien dans un laboratoire scientifique. Celui qui a confectionné les boules lumineuses se trouve juste derrière vous, une main sur l'interrupteur. Il se nomme Thomas Edison et est considéré comme le père de l'éclairage électrique.

La boule lumineuse que vous avez aperçue est l'ampoule électrique, celle-là même qui révolutionnera notre vie de tous les jours et lancera le début d'une ère nouvelle, celle de l'électricité !

Thomas Edison

L'ampoule électrique ne fut qu'une des multiples créations d'Edison. En fait, le laboratoire de Menlo Park était une véritable usine à inventions ! Avec son équipe de techniciens et de scientifiques, Edison s'affairait parfois sur 40 projets en même temps et travaillait inlassablement jour et nuit. Au cours de sa vie, cet ingénieux inventeur mit au point plus de 1 000 inventions dont le phonographe (permettant l'enregistrement sonore), la machine à voter, le stylo électrique, la machine à écrire électrique, le train électrique, la poupée parlante et le kinétoscope (l'ancêtre du cinéma).

> *« Le génie, c'est 1 % d'inspiration et 99 % de transpiration. »*
>
> ***Thomas Edison***

Surnommé affectueusement « le magicien de Menlo Park », Thomas Edison est considéré comme l'un des inventeurs les plus prolifiques de l'histoire. À sa mort, toute l'Amérique lui rendit un grand hommage en éteignant les lumières pendant une minute.

FONCTIONNEMENT DE L'AMPOULE ÉLECTRIQUE

Une ampoule est composée d'un globe de verre ne contenant pratiquement pas d'oxygène. Ce globe renferme un petit fil (appelé filament) capable de résister longtemps à une température élevée. Lorsqu'un courant électrique passe dans le filament, celui-ci devient si chaud qu'il s'illumine, mais ne brûle pas immédiatement, à cause du manque d'oxygène (élément essentiel à la combustion). En 1879, Edison conçoit une ampoule capable de briller pendant 40 heures avant de brûler. De nos jours, certaines ampoules peuvent durer 10 000 heures !

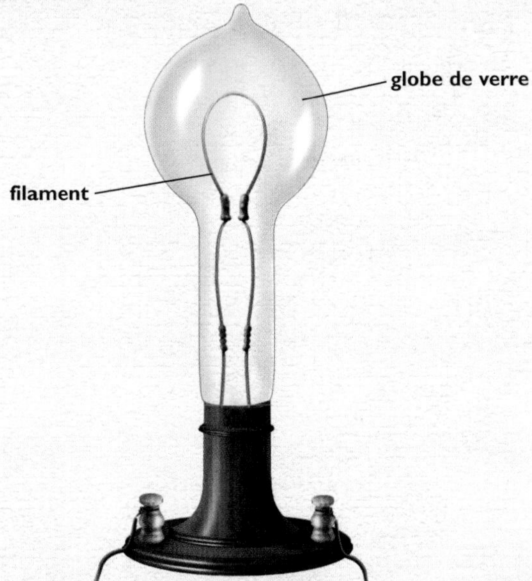

ampoule électrique

Avant de quitter l'État du New Jersey, faites donc un petit détour vers Atlantic City. Surnommée « le terrain de jeu du monde » avec sa multitude de parcs d'attractions, de casinos et de plages dorées, cette ville est aussi le lieu de naissance de l'un des plus célèbres jeux de plateau du monde : le Monopoly® ! Passez « Go » et réclamez une lettre de l'énigme : **la première lettre du nom de famille du magicien de Menlo Park.**

À partir du New Jersey, vous pouvez vous rendre à...

29	30	27
New York, É.-U.	**Boston, É.-U.**	**Chicago, É.-U.**
50 km	**350 km**	**1100 km**
l'an 1854	**l'an 1876**	**l'an 1893**

Décollez à bord du *Flyer* des frères Wright et survolez les nuages jusqu'à la **page 141 ➡**

Le 17 décembre 1903, en Caroline du Nord, les Américains Wilbur et Orville Wright effectuèrent le premier vol contrôlé à l'aide d'un avion propulsé par un moteur à essence. Le vol dura... 12 secondes !

Enfourchez une motocyclette Harley-Davidson^MD et filez pleins gaz jusqu'à la **page 7 ⬅**

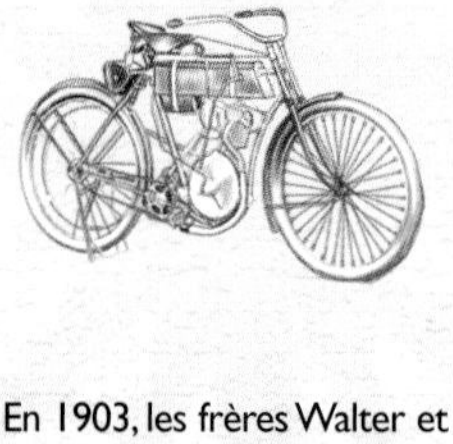

En 1903, les frères Walter et Arthur Davidson décidèrent, avec leur ami William Harley, d'équiper une simple bicyclette d'un moteur. Ils vendirent trois exemplaires de cet engin inusité. Aujourd'hui, la compagnie Harley-Davidson^MD vend plus de 150 000 motocyclettes par année !

Démarrez une voiture Ford T et accélérez jusqu'à la **page 33 ⬅**

En 1908, Henry Ford lança sa fameuse voiture Ford Modèle T. Produite sur une chaîne de montage, la Ford T était beaucoup plus abordable que les autres automobiles. Un slogan disait qu'on pouvait se la procurer dans n'importe quelle couleur, pourvu que ce fut le noir !

7

Mayence, Allemagne
l'an 1450

Vous êtes dans la ville de Mayence, carrefour commercial incontournable situé le long du majestueux fleuve Rhin. Ici, au milieu du caquètement des poules et des claquements de sabots, des commerçants venus de partout se rencontrent et font des affaires d'or.

Là, à votre gauche... vous apercevez une allée étroite. Empruntez-la !

Dans ce véritable labyrinthe où s'emboîtent les boutiques d'artisans, vous aboutissez devant une fenêtre. À l'intérieur, vous apercevez un orfèvre. L'air absorbé, l'homme verse dans de curieux moules un liquide métallique, sans doute un alliage de plomb et d'étain. Vous vous demandez ce qu'il peut bien fabriquer. S'agit-il d'un élégant chandelier ? D'une belle épée ? De magnifiques bijoux ?

Détrompez-vous ! Ce que cet homme est en train de créer est loin d'être un simple accessoire décoratif. Bien que le métal coulé ait peu de valeur, il est sur le point de devenir plus précieux pour l'histoire que tout l'or et les diamants du monde !

Vous voici devant l'atelier d'orfèvrerie du célèbre Johannes Gutenberg, considéré comme le père de l'imprimerie. Ici, pas de bague, de bracelet ou de collier, mais 26 petits caractères métalliques qui révolutionneront le monde de « A » à « Z »... Plus précisément, Gutenberg est l'inventeur de la presse avec caractères mobiles.

LE FONCTIONNEMENT DE L'IMPRIMERIE À CARACTÈRES MOBILES

Un métal liquide est versé dans plusieurs petits moules. En refroidissant, le métal forme des blocs distincts avec, sur chacun, un caractère en relief. Ces caractères sont ensuite placés bout à bout pour former des mots, des lignes et enfin, toute une page, maintenue à l'aide d'un cadre. Le cadre est fixé sous la presse, puis les caractères qu'il contient sont recouverts d'encre. Une feuille de papier est déposée sur le cadre et la presse est actionnée. Une page est imprimée... et réimprimée à volonté, il suffit de mettre une nouvelle feuille sur le cadre. Les petits caractères pourront ensuite être réutilisés pour d'autres mots et d'autres pages.

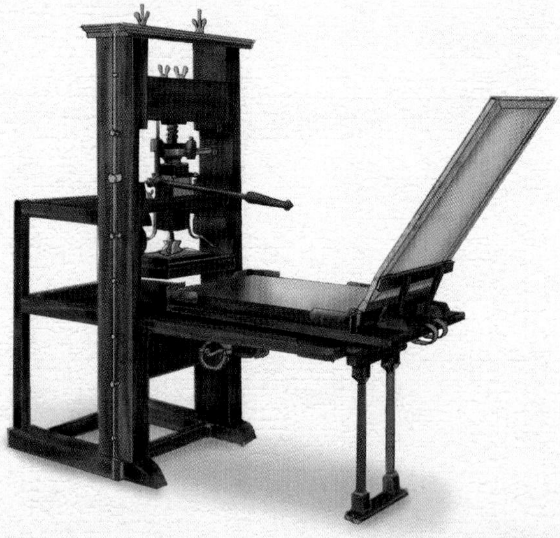

Avant l'invention de Gutenberg, chaque ouvrage était recopié à la main par des moines copistes, au rythme de trois ou quatre pages par jour. Un gros ouvrage pouvait ainsi prendre des mois avant d'être complété ! À ce rythme, les livres étaient extrêmement rares et chaque œuvre n'existait qu'en quelques exemplaires.

Grâce à l'invention de la presse de Gutenberg, au 15e siècle, il devint possible d'imprimer 300 pages par jour! On put dès lors reproduire en peu de temps le même texte autant de fois qu'on le souhaitait!

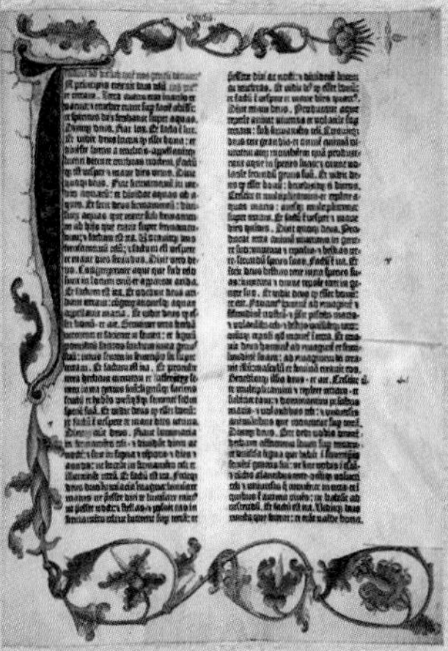

extrait de la Bible de Gutenberg

En 1456, Gutenberg et ses associés terminèrent le premier grand livre imprimé, une Bible de 1282 pages, tirée en plus de 200 exemplaires. L'invention fit boule de neige! Entre 1500 et 1600, près de 200 millions d'ouvrages furent distribués dans toutes les couches de la société. Le prix des livres diminua rapidement et le savoir devint accessible à tous, ce qui répandit les nouvelles idées à fond de train.

Aujourd'hui, livres, journaux, revues, billets de banque et emballages de toutes sortes nous rappellent sans cesse l'apport de l'imprimerie dans notre vie quotidienne. Les pages des livres sont dorénavant composées et imprimées à l'aide d'ordinateurs et plus personne (ou presque!) ne se salit les doigts avec de l'encre...

L'IMPRIMERIE EN CHINE

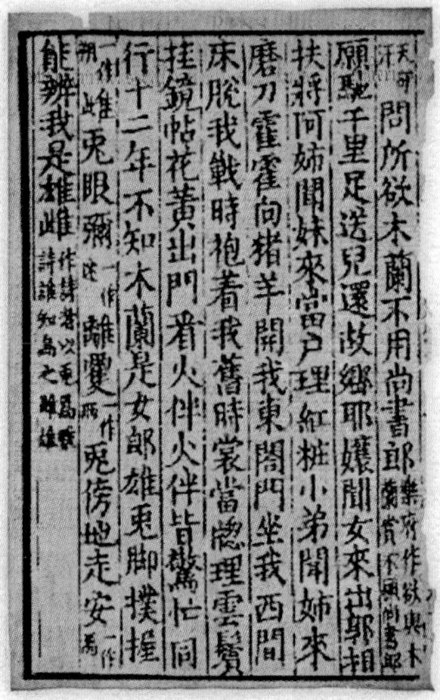

問所欲木蘭不用尚書郎
願馳千里足送兒還故鄉耶孃聞女來出郭相
扶將阿姊聞妹來當戶理紅粧小弟聞姊來
磨刀霍霍向猪羊開我東閣門坐我西閣
床脫我戰時袍着我舊時裳當窗理雲鬢
挂鏡帖花黃出門看火伴火伴皆驚忙同
行十二年不知木蘭是女郎雄兎脚撲揳
雌兎眼彌離雙兎傍地走安
能辨我是雄雌

Dès le 7e siècle, les Chinois gravèrent des textes sur des planches de bois qu'ils recouvraient d'encre. Ces planches encrées étaient ensuite pressées à répétition sur des feuilles de papier. Le procédé des caractères mobiles demeura pour eux peu efficace, car l'écriture chinoise comporte des milliers de caractères différents (un pour chaque mot), alors que notre alphabet réutilise toujours les mêmes 26 lettres pour former tous les mots.

Ne quittez pas l'Allemagne sans avoir fait un détour vers la Bavière. Là, se cachent quelques châteaux isolés et haut perchés, tout droit sortis d'un conte de fées ! Aussi, en traversant la légendaire Forêt-Noire, engouffrez un morceau du gâteau du même nom qui provient de la région. Mmmmm…

À partir de l'Allemagne, vous pouvez vous rendre à…

28
Menlo Park, É.-U.
6 200 km
l'an 1879

Montez à bord du dirigeable *Hindenburg* et survolez l'Atlantique jusqu'à la

page 128 ➡

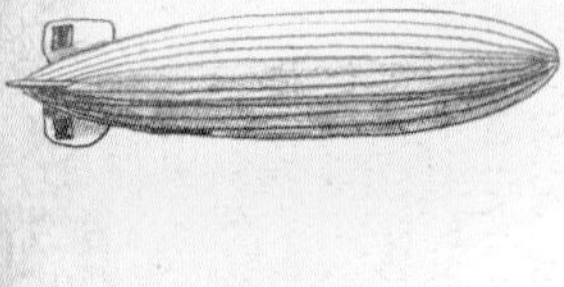

Au début du 20e siècle, le comte allemand Ferdinand von Zeppelin construisit d'immenses dirigeables métalliques qui portaient son nom. Le zeppelin *Hindenburg* contenait, en plus des réservoirs d'hydrogène, des cabines pour passagers, des toilettes, des douches, une salle à manger et un salon.

6
Lausanne, Suisse
450 km
l'an 1948

Attachez votre casque et conduisez la motocyclette de Gottlieb Daimler jusqu'à la

page 85 ➡

La première motocyclette fut construite en 1885 par l'ingénieur allemand Gottlieb Daimler. L'inventeur parcourut quelques kilomètres sur son engin, mais la selle était placée si haut qu'il ne pouvait pas poser les pieds par terre…

5
Middelburg, Pays-Bas
400 km
l'an 1608

Montez à bord du *Motorwagen*, la voiture de Carl Benz et roulez jusqu'à la

page 11 ⬅

Le tricycle motorisé à deux places de l'Allemand Carl Benz fut la première voiture équipée d'un moteur à essence. Construit en 1885, ce véhicule « sans chevaux » est considéré comme la première vraie automobile.

fleuve Nil, Égypte

Le fleuve Nil est un véritable cadeau des dieux, mais il est aussi rempli d'imprévus. Alors que vous êtes tout près d'Edfou, votre destination, des hippopotames émergent sous votre pirogue de papyrus et la font chavirer. Vous voilà à la merci de ces gros mammifères, mais surtout, des terribles crocs des crocodiles... Nagez ! Et surtout, tâchez de vous rendre en un seul morceau à la page 123...

Florence, Italie

Voulez-vous vraiment vous casser la figure en vous rendant en France en Grand-Bi ? Sachez qu'étant donné sa hauteur (près de 1,50 mètre), ce vélocipède est instable et dangereux et ne peut être conduit que par des virtuoses aux grandes jambes. Perché sur votre selle, vous n'arriverez à atteindre les pédales que du bout des orteils et encore... Allez, soyez raisonnable et choisissez un autre véhicule à la page 154...

12

Alexandrie, Égypte
l'an –250

Vous déambulez dans les larges avenues d'Alexandrie, la toute nouvelle capitale de l'Égypte. Autour de vous se dressent des bâtiments de style grec, soutenus par de magnifiques colonnes de marbre. Ici, des savants provenant des quatre coins du monde se rencontrent pour partager leurs connaissances. La bibliothèque de cette ville contient des centaines de milliers de rouleaux manuscrits rassemblant tout le savoir de l'humanité ! Vous approchez de la boutique de l'ingénieux barbier Ctésibios. Entrez, il vous attend.

Assoyez-vous sur le siège, au centre de la pièce. Devant vous se trouve un drôle de miroir pendu au bout d'une corde. Pour l'ajuster à votre hauteur, Ctésibios tire sur la corde. À cet instant précis, un sifflement mélodieux se fait entendre…

Quel joli son !

Croyez-le ou non, le mécanisme qui actionne ce drôle de miroir est l'ancêtre de l'orgue et de tous les instruments à clavier !

•••

C'est bien involontairement que Ctésibios fabriqua le premier orgue au 3e siècle avant notre ère. Voulant baisser et remonter son miroir de barbier à l'aide d'une poulie, il réalisa que le contrepoids du miroir, qui pendait dans un tuyau troué, créait un sifflement en se déplaçant.

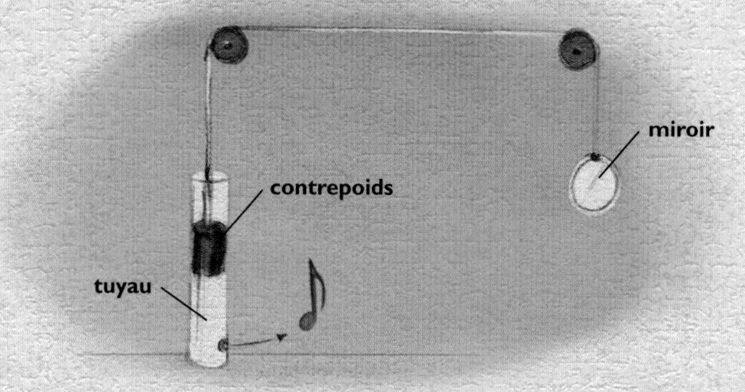

Amusé, Ctésibios s'empressa d'adapter ce principe à un nouvel instrument à vent qui pouvait transformer les sifflements en musique ! L'orgue qu'il fabriqua comprenait notamment une pompe, un clavier et une série de tuyaux troués. La pompe soufflait de l'air dans l'instrument et le clavier permettait de diriger cet air dans un des tuyaux. Ceux-ci expulsaient l'air tour à tour en produisant des sons variant selon la taille du tuyau.

Outre l'orgue, des instruments comme la lyre, la harpe, la flûte, la trompette, la cymbale, le sistre et le tambour firent partie du quotidien de l'Égypte ancienne. La musique accompagnait les travaux des champs, les fêtes et les funérailles. Les Égyptiens fondèrent même la première école de musique de l'histoire !

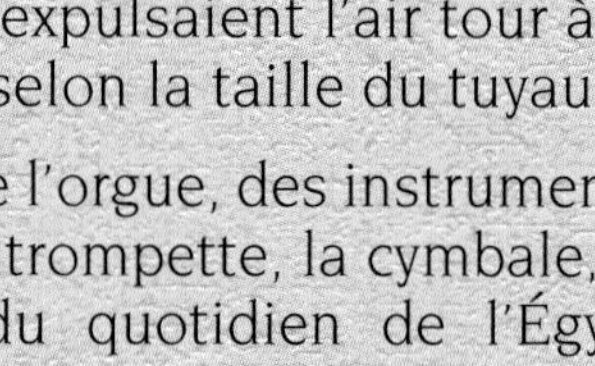

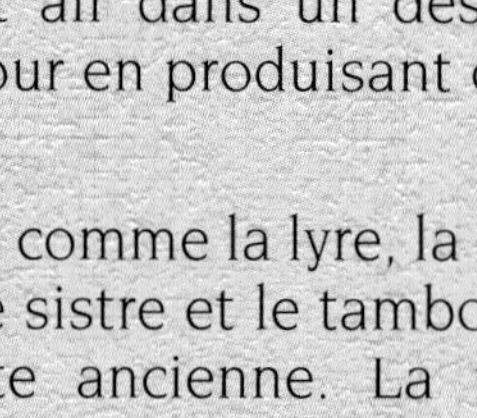

Si l'Égypte ancienne est passée maître dans l'art musical, c'est qu'elle a su profiter du savoir de ses lointains prédécesseurs. Dès la préhistoire, les hommes et les femmes cherchèrent à imiter les bruits de la nature comme le vent dans les arbres ou les cris des animaux. Pour ce faire, ils fabriquèrent des instruments à vent tels que des flûtes, à partir d'os d'oiseaux troués, ou des trompettes, à partir de cornes ou de coquillages. Ils confectionnèrent également des instruments à percussion tels que des tambours, en utilisant des crânes de mammouths ou des troncs d'arbres creux recouverts d'une peau tendue. Les premiers instruments à cordes furent inventés par les habitants du Moyen-Orient, il y a près de 5 000 ans. Ils auraient fabriqué une harpe simplement en rajoutant quelques cordes à un arc!

L'avènement de l'électricité et de l'électronique a transformé bien des instruments. Aujourd'hui, les rugissements de la guitare électrique ne ressemblent en rien au son doux de la harpe antique. Pourtant, ce sont toujours les mêmes types d'instruments, soit les instruments à cordes, à vent et à percussion, qui nous font danser et chanter…

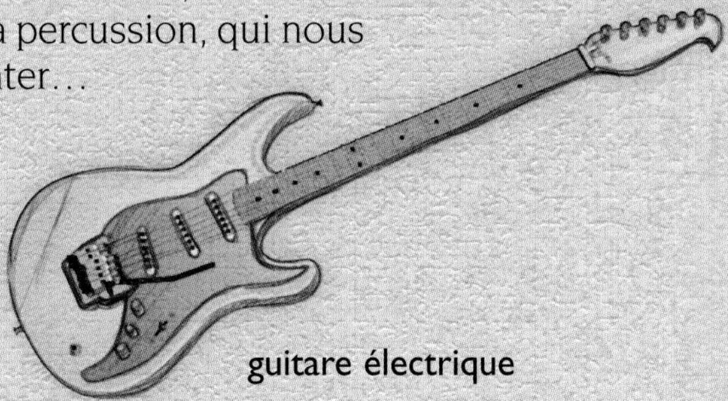

guitare électrique

LE PIANO

Le piano est un instrument à cordes conçu par l'Italien Bartolomeo Cristofori en 1709. Il s'appelait à l'origine *pianoforte*, mot italien signifiant «doux-fort», car l'instrument possédait une grande diversité de sons et d'intensités. Son registre exceptionnel servira les grands compositeurs, tels que Mozart et Beethoven, qui l'utiliseront pour créer des œuvres grandioses.

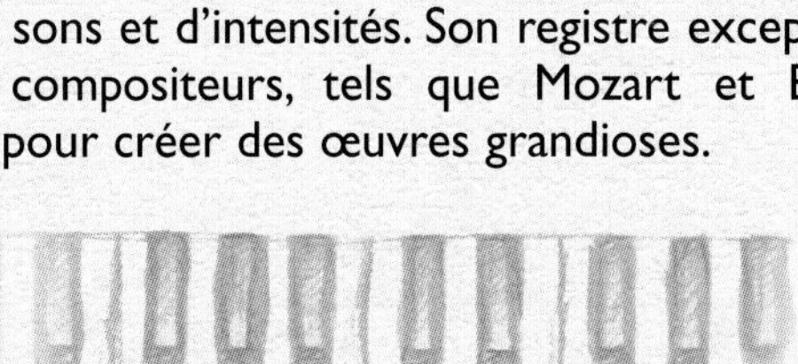

Avant de quitter Alexandrie, enfilez une combinaison de plongée et tentez de retrouver les vestiges de la cité antique, engloutie par la montée du niveau de la mer Méditerranée. Qui sait, parmi les fragments du plus haut phare du monde et les colonnes du palais de la reine égyptienne Cléopâtre, vous trouverez peut-être une lettre de l'énigme : **la sixième lettre du prénom du concepteur du premier piano.**

À partir d'Alexandrie, vous pouvez vous rendre à...

10
Syracuse, Italie
1 500 km
l'an –212

Prenez la mer à bord d'une trirème grecque et faites escale à la **page 97** ➡

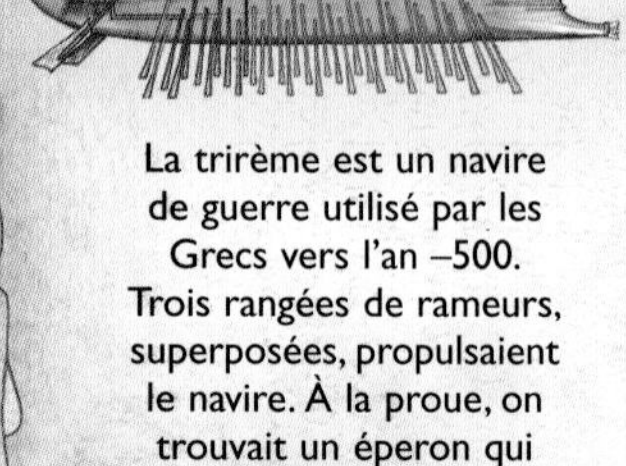

La trirème est un navire de guerre utilisé par les Grecs vers l'an –500. Trois rangées de rameurs, superposées, propulsaient le navire. À la proue, on trouvait un éperon qui servait à attaquer les bateaux ennemis. À l'abordage !

13
Edfou, Égypte
750 km
l'an –200

Empruntez une pirogue de papyrus et remontez les eaux du Nil jusqu'à la **page 79** ⬅

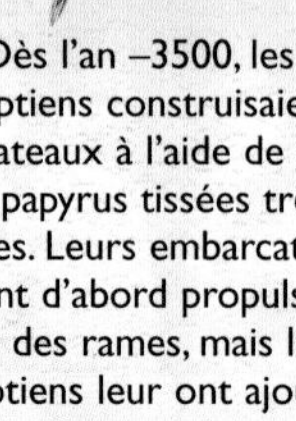

Dès l'an –3500, les Égyptiens construisaient des bateaux à l'aide de tiges de papyrus tissées très serrées. Leurs embarcations étaient d'abord propulsées par des rames, mais les Égyptiens leur ont ajouté plus tard une voile carrée pour remonter le fleuve Nil.

16
Sardes, Turquie
800 km
l'an –650

Traversez la Méditerranée sur le premier bateau à voile triangulaire et jetez l'ancre à la **page 145** ➡

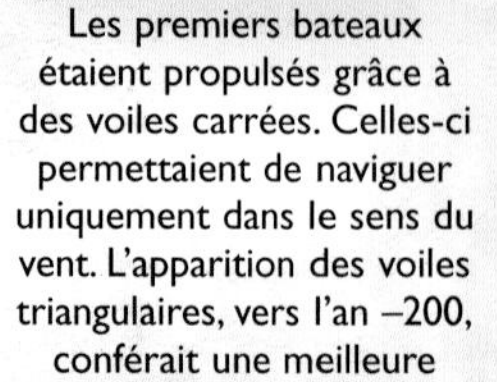

Les premiers bateaux étaient propulsés grâce à des voiles carrées. Celles-ci permettaient de naviguer uniquement dans le sens du vent. L'apparition des voiles triangulaires, vers l'an –200, conférait une meilleure maniabilité aux bateaux qui pouvaient désormais voguer contre le vent.

6

Lausanne, Suisse
l’an 1948

Vous êtes maintenant en Suisse, un pays où les glaciers de hautes montagnes voisinent les chaudes vallées de vignes et d'abricotiers... Ahhhh ! L’air pur et frais vous donne envie de yodler !

Yod-li-yod-li-ou ! yod-li-ou ! li-ou ! li-ouuuuuuuuu !

Wouf wouf wouf wouf

Tiens, un chien, là-bas, sur la colline ! Il aboie dans votre direction. Que veut-il vous montrer ? Votre intuition vous somme de le suivre...

Vous finissez par rattraper le chien… et son maître, l'ingénieur Georges de Mestral. Vous constatez que celui-ci est occupé à déloger les nombreuses graines de bardane qui se sont agrippées à son pantalon de velours en cours de promenade…

fleurs de bardane

— Mon pauvre chien, nous voilà tous deux recouverts de ces petits fruits bourrés de piquants. Je me demande par quelle ruse les graines de bardane arrivent à s'accrocher de façon si tenace aux vêtements et aux poils des animaux !

Dans un éclair de génie, l'ingénieur s'empresse de rentrer chez lui pour observer au microscope ce fruit qui « pique » sa curiosité. Ce qu'il voit alors le fascine… Chaque graine est recouverte de centaines de minuscules crochets qui lui permettent de s'accrocher solidement aux boucles miniatures des vêtements et des poils !

—Hum… Si seulement nous pouvions copier Dame Nature et fabriquer un système d'attache qui s'inspirerait du même principe…

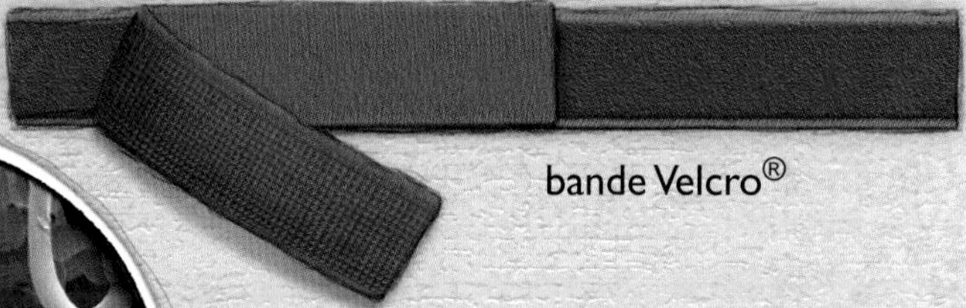

bande Velcro®

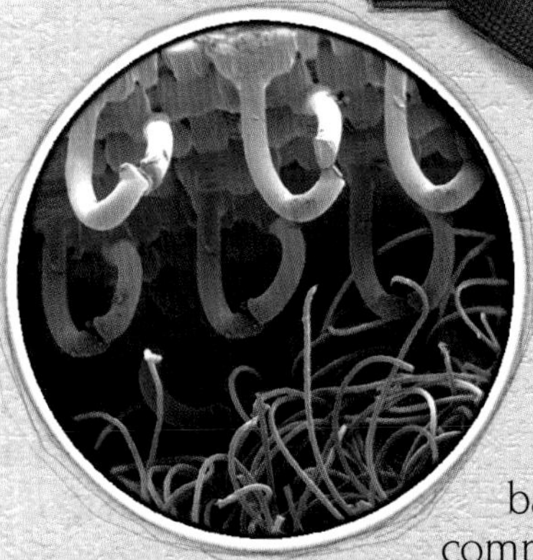

Vous devinez la suite... Georges de Mestral inventa une fermeture spéciale utilisant, plutôt qu'une glissière, deux bandes de tissu : une bande avec de minuscules crochets comme le fruit de bardane, l'autre bande avec des miniboucles, comme son pantalon de velours. Pressées l'une sur l'autre, ces bandes se révélèrent être un système d'attache solide, facile à ouvrir et à fermer... et qui ne se coinçait jamais !

> *« J'appellerai mon invention "velcro", une combinaison des mots "velours" et "crochet". »*
>
> ***Georges de Mestral***

Utilisée depuis dans la confection de plusieurs vêtements, souliers, montres et jouets, la bande Velcro® est considérée comme l'une des inventions les plus utiles du 20e siècle. Elle est même employée en médecine comme système d'attache pour les cœurs artificiels et en aérospatiale où les astronautes l'utilisent pour maintenir en place les objets en apesanteur...

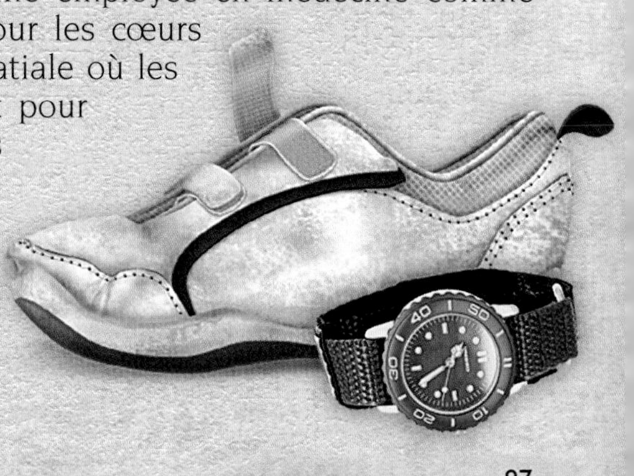

Avant de quitter la Suisse, arrêtez-vous dans un coquet chalet pour déguster une fondue au fromage ainsi que quelques chocolats suisses (ils sont exquis). Aussi, agrippez au passage une lettre de l'énigme : **la dernière lettre du nom de l'invention de Georges de Mestral.**

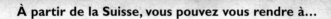

À partir de la Suisse, vous pouvez vous rendre à…

8
Pontecchio, Italie
450 km
l'an 1895

Embarquez dans le landau à vapeur de Virgilio Bordino et cahotez jusqu'à la
page 59 ←

En 1854, l'ingénieur italien Virgilio Bordino construisit un prototype de carrosse à vapeur. Il espérait ainsi concurrencer les diligences à chevaux, mais n'y réussit pas, car l'engin roulait à 8 km/h tout au plus…

4
Vallon-Pont-d'Arc, France
250 km
l'an –30 000

Accrochez-vous à un parachute et jetez-vous dans le vide au-dessus de la
page 129 →

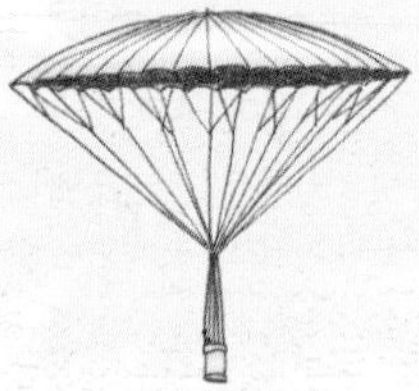

Le 22 octobre 1797, le Français André-Jacques Garnerin effectua le premier saut en parachute. La toile s'ouvrit correctement, mais l'engin vacilla comme un pendule. On dota plus tard la toile d'un trou central pour stabiliser la descente.

7
Mayence, Allemagne
450 km
l'an 1450

Volez de vos propres ailes avec le planeur d'Otto Lilienthal et virevoltez jusqu'à la
page 75 ←

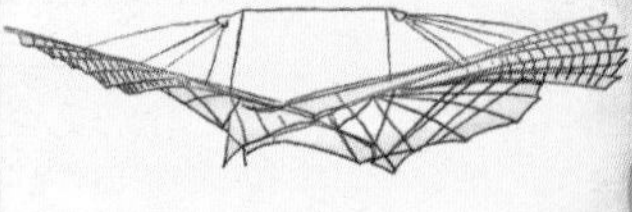

En 1891, l'ingénieur allemand Otto Lilienthal construisit un étrange planeur et effectua des vols spectaculaires à partir d'une colline. Il arriva à s'élever à une hauteur de 23 m, à une vitesse de 36 km/h !

22

Bianliang, Chine

11e siècle

Vous marchez sur la rue principale de la ville chinoise de Bianliang, au milieu d'une foule agitée. Autour de vous les enfants crient, les chiens aboient et les tambours tambourinent ! Quel brouhaha ! Soudain : « Bang », un bruit fracassant se fait entendre.

« Bang Bang Bang »

Le bruit reprend de plus belle. Bouchez vos oreilles !

Voilà maintenant que des éclairs de feux apparaissent et vous aveuglent. La foule autour de vous est de plus en plus agitée. Des dizaines de personnes courent dans tous les sens.

« Bang Bang Bang »

La ville serait-elle envahie par des ennemis ? Pire, est-ce que tous ces éclairs de feux seraient les manifestations de démons en furie ?

Vous tentez de vous enfuir quand soudain, un dragon gigantesque s'avance dans la rue et fonce droit sur vous…

Calmez-vous et observez attentivement… Sous le dragon se cache un groupe de danseurs. Alignés l'un derrière l'autre, ils transportent avec allégresse leur gros costume terrifiant. Autour de vous, les gens ne crient pas de terreur, mais de joie ! Ils fêtent le Nouvel An chinois. Et les éclairs bruyants sont parmi les premiers feux d'artifice de l'histoire !

•••

Il y a près de 1000 ans, des alchimistes chinois, à la recherche de la recette de l'immortalité, mélangèrent ensemble du salpêtre (un sel métallique), du soufre (un élément chimique) et du charbon de bois. Ces magiciens du Moyen Âge obtinrent alors une poudre noire qui, lorsque chauffée sur le feu, produisait une flamme colorée.

Les Chinois découvrirent bientôt que la même poudre noire, entassée dans un tube de bambou ou de papier, pouvait exploser au contact du feu, produisant des feux d'artifice colorés. Ces feux furent alors utilisés pour éloigner les mauvais esprits pendant la célébration d'événements tels que les mariages ou le Nouvel An. L'usage des feux d'artifice se propagea rapidement dans toute l'Asie et même en Europe.

Vers la fin du 19e siècle, on ajouta au mélange traditionnel de poudre noire une variété de sels métalliques et les spectacles devinrent plus colorés. En plus des couleurs jaunes et orangées d'origine, les teintes de bleu, de violet, de rouge et de vert apparurent et composèrent des fresques grandioses, pour le plus grand plaisir des spectateurs !

Aujourd'hui, les feux d'artifice continuent d'accompagner les grandes fêtes partout dans le monde. Le 4 juillet 1986, à New York, lors des célébrations de la fête de l'Indépendance et du centenaire de la statue de la Liberté, les Américains ont eu droit à un spectacle contenant quelque 22 000 feux aériens et 18 000 feux de parterre !

LA POUDRE À CANON

Les débuts de la poudre noire furent plutôt réjouissants. Mais une centaine d'années après sa découverte, la substance trouva une nouvelle vocation... des plus meurtrières ! Ses propriétés explosives furent utilisées par les Chinois pour la fabrication des toutes premières armes à feu, des canons de bambou lançant des flèches de feu sur l'ennemi. Ce savoir guerrier voyagea vers l'ouest jusqu'au Moyen-Orient, puis jusqu'en Europe. Dans les années 1200, les Européens améliorèrent la technique des Chinois et lancèrent les premiers boulets de canon.

Il est maintenant temps de vous vêtir de rouge et de participer aux festivités du Nouvel An chinois. Souhaitez la bonne année à tous vos proches en leur offrant des cadeaux enveloppés de papier rouge, la couleur de la chance et de la joie. Baladez-vous dans les rues remplies de lanternes de toutes les formes et de toutes les couleurs. Des danseurs déguisés en dragons paradent au rythme des feux d'artifice. Attention, un dragon pourrait ouvrir la bouche et cracher… deux lettres de l'énigme : **la première et la sixième lettre du nom de la plante qui a servi à fabriquer les premiers canons chinois.**

À partir de Bianliang, vous pouvez vous rendre à…

23
vallée du fleuve Jaune, Chine
500 km
l'an –2737

Prenez la poudre d'escampette en vous laissant propulser par un canon chinois jusqu'à la **page 19** ←

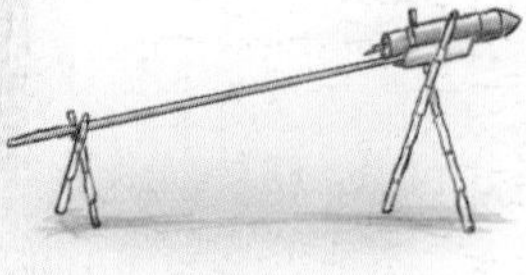

Les Chinois inventèrent le premier canon en insérant dans un tube de bambou, non pas une personne, mais une flèche attachée à un sachet de poudre noire. Lorsqu'on allumait la poudre, la flèche s'enflammait et était propulsée vers l'ennemi.

25
Majuro, îles Marshall
6 700 km
l'an –100

Rejoignez la côte et emparez-vous du gouvernail d'une jonque pour mettre le cap sur la **page 41** ←

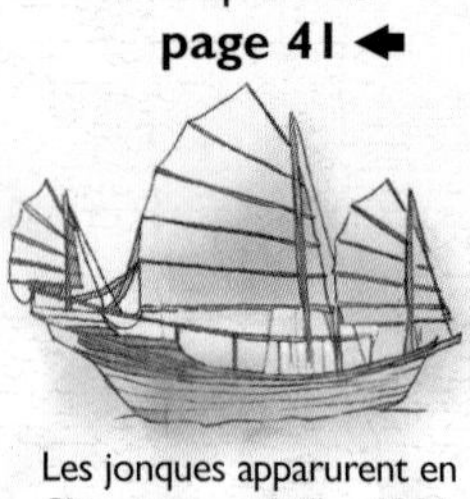

Les jonques apparurent en Chine autour de l'an 1000. Ces grands voiliers à fond plat furent les premières embarcations munies d'un gouvernail ! Facilement maniables, elles pouvaient affronter les mers les plus déchaînées.

21
Changan, Chine
500 km
l'an –200

Assoyez-vous dans un cyclo-pousse et faites pédaler le conducteur jusqu'à la **page 133** →

Propulsé par un humain à bicyclette, le cyclo-pousse est aussi appelé « rickshaw à pédales ». Ce genre de taxi, qui peut prendre un ou deux passagers, est populaire dans les villes de l'Extrême-Orient.

31

Valcourt, Canada
l'an 1937

Vous voilà pris en plein cœur du blizzard sur le chemin de Valcourt, un village de la région de l'Estrie, au Québec. Autour de vous, les routes sont fermées. De toute évidence, les automobiles comme les chevaux ne peuvent se déplacer dans cette épaisse couche de neige. Un vent glacial rugit à vos oreilles et vous pince la peau. Autour de vous, la poudrerie vous aveugle et vous déboussole. Vous marchez péniblement sans trop savoir quelle direction prendre. Chaque pas vous enfonce un peu plus dans la neige. Il fait un froid de loup. Vous sentez peu à peu vos forces vous abandonner. Vos jambes fléchissent... Serait-ce la fin ?

Non ! Écoutez... Un bruit de moteur. Un véhicule vient à votre secours ! Mais peut-être est-ce le fruit de votre imagination ? Après tout, il est impossible qu'une voiture puisse avancer dans cette neige ! Et pourtant, le bruit se rapproche. Soudain, à travers le tourbillon de flocons, une ombre apparaît et se précise.

Regardez… On dirait… un drôle de véhicule sur skis !

Vous êtes sauvé !

Le conducteur du véhicule est l'inventeur de l'autoneige en personne, un garagiste-mécanicien de Valcourt nommé Joseph-Armand Bombardier.

•••

C'est un événement malheureux qui, quelques années auparavant, précipita la mise au point de l'autoneige. Le fils de Joseph-Armand Bombardier, gravement malade, mourut sans avoir pu être transporté à l'hôpital en raison des routes enneigées. Ce jour-là, Joseph-Armand jura que plus jamais l'hiver ne lui enlèverait un enfant !

Dans son garage, il travailla avec acharnement au perfectionnement d'un véhicule motorisé muni de skis à l'avant et d'un système de chenille à l'arrière, capable de se déplacer rapidement sur la neige sans s'y enfoncer. En 1937, Joseph-Armand Bombardier mit sur le marché sa première autoneige, le *B7*®, « B » pour Bombardier et « 7 » pour le nombre de passagers qu'elle pouvait contenir. Son invention remporta un immense succès ! Enfin, les villages ensevelis sous la neige en hiver n'étaient plus isolés. Les *B7*® étaient utilisés par les postiers, les laitiers, les médecins, les vétérinaires et plusieurs autres que, désormais, la neige n'arrêta plus.

Joseph-Armand Bombardier et le *B7*®

modèle *C18*®

Devant la popularité du *B7*®, Joseph-Armand inventa de nouvelles autoneiges comme le *B12*® et le *C18*® (pour 12 et 18 passagers). Ces gros véhicules étaient utilisés en hiver pour le transport en commun, le transport des petits écoliers et comme ambulance.

Après avoir vaincu la neige, Joseph-Armand Bombardier inventa des véhicules chenillés tout-terrains spécialement conçus pour franchir les déserts, les marécages ou les terrains montagneux.

Puis, en 1959, il fabriqua ce qui deviendra son invention la plus célèbre : la motoneige ! Commercialisé sous la marque *Ski-Doo*®, ce petit véhicule unique en son genre fit rapidement fureur dans les pays nordiques.

motoneige moderne

Joseph-Armand Bombardier mourut en 1964 après avoir inventé tout un éventail de véhicules chenillés tout-terrains. Aujourd'hui, la petite compagnie d'autoneiges mise sur pied par Joseph-Armand Bombardier dans son garage à Valcourt est devenue une grande société de transport employant des milliers de personnes dans plusieurs pays. On y construit maintenant des trains à grande vitesse, des voitures de métro et même des avions !

Holà ! Gardez votre tuque et vos mitaines, car avant de repartir vers des contrées un peu plus chaudes, vous devez absolument visiter une « cabane à sucre » québécoise. Vous pourrez y déguster un bon petit plat mijoté dans le sirop d'érable et savourer une délicieuse tire sur la neige. Miam ! Si la neige a parfois ses inconvénients, elle a aussi ses petites douceurs…

À partir du Québec, vous pouvez vous rendre à…

27
Chicago, É.-U.
1 200 km
l'an 1893

Montez sur un vélo tout-terrain et secouez-vous un peu jusqu'à la
page 33 ←

Le premier vélo tout-terrain (VTT) fut construit par les Américains Charles Kelly et Gary Fisher, en 1979. Il conquit le monde entier avec ses multiples vitesses, sa robustesse et sa légèreté qui lui permettent d'être utilisé en ville comme en montagne.

30
Boston, É.-U.
400 km
l'an 1876

Empruntez la motoneige *Ski-Doo*® de Joseph-Armand Bombardier et glissez jusqu'à la
page 7 ←

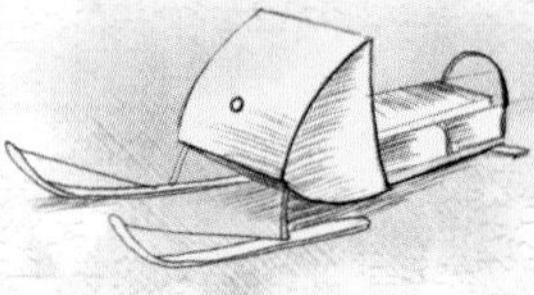

Une légende veut que le terme *Ski-Doo*® soit une déviation du mot original *Ski-Dog* qui évoque les traîneaux tirés par des chiens. Notamment destinée à remplacer ces attelages dans le Grand Nord, la motoneige a fini par se transformer en véritable sport d'hiver.

26
San Francisco, É.-U.
4 000 km
l'an 1971

Prenez place dans la plus longue voiture du monde et gagnez le soleil californien à la
page 27 ←

La plus longue automobile du monde est présentement une limousine d'une longueur de 30,5 m conçue par le Californien Jay Ohrberg. Elle est munie de 26 roues et comprend un grand lit d'eau et même une piscine avec tremplin !

10

Syracuse, Italie
l'an –212

Vous êtes un soldat romain. Du pont de votre navire de guerre, vous apercevez au loin la cité ennemie de Syracuse, gouvernée par les Grecs. D'épaisses murailles protègent la ville. Votre flotte, composée de plusieurs galères, s'approche à grands coups de rames.

Alors que les premières galères sont sur le point d'atteindre les remparts, de gigantesques catapultes grecques projettent d'énormes pierres et des boules de feu sur votre navire ! Ce n'est pas tout. Du haut d'une muraille surgit une « main de fer » gigantesque qui s'empare d'un bateau de votre flotte et le fait tournoyer dans les airs tel un vulgaire jouet ! Vous êtes sidéré. Le commandant romain Marcellus apparaît derrière vous. Il déclare, découragé, mais non sans une pointe d'admiration :

— Cette ville est servie par un ingénieur prodigieux !

En effet, la cité de Syracuse compte dans ses troupes Archimède, l'un des plus grands génies de tous les temps !

•••

Au 3e siècle avant notre ère, Archimède habitait la ville grecque de Syracuse, en Sicile (une île qui fait aujourd'hui partie de l'Italie). Cet homme de génie mit tous ses talents à l'œuvre pour défendre sa cité contre les guerriers romains. Il améliora la catapulte, une machine servant à lancer de gros projectiles sur l'ennemi. Il conçut aussi une grue gigantesque munie d'une corde dont le crochet pouvait soulever les bateaux ennemis.

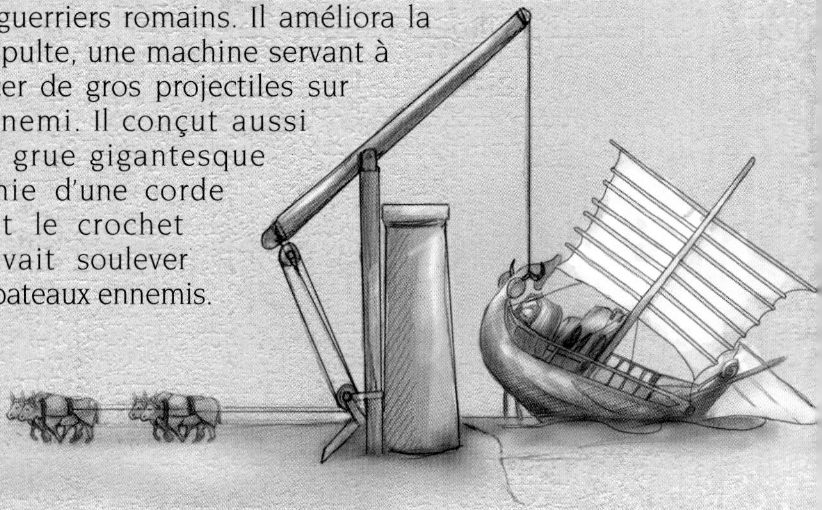

LA VIS D'ARCHIMÈDE

La vis d'Archimède est un engin qui permet de faire monter l'eau d'une rivière pour irriguer les champs. Cette vis, aussi appelée « vis sans fin », est formée d'une spirale parcourant l'intérieur d'un gros tuyau de bois. Le bas du tuyau est installé dans la rivière, alors que l'autre bout est situé plus haut, au niveau des champs. L'appareil fonctionne à l'aide d'une manivelle qui, en tournant, actionne la spirale qui fait monter l'eau dans le tuyau. La vis d'Archimède est à la base de plusieurs inventions comme les hélices de bateaux ou d'avions, les tire-bouchons et, bien sûr, les vis !

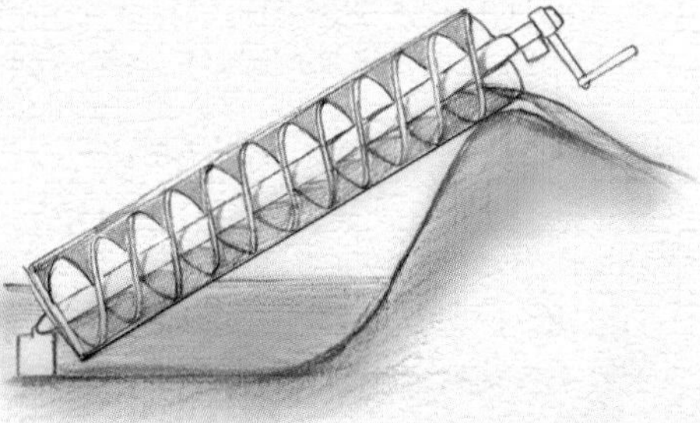

Outre ses redoutables machines de guerre, Archimède mit au point sa vis spéciale qui permettait d'irriguer les terres. Il conçut aussi d'astucieux systèmes de leviers, d'engrenages et de poulies. On raconte qu'avec l'un de ses mécanismes, Archimède est arrivé à soulever un bateau de 4000 tonnes, le plus gros navire jamais construit à l'époque ! Archimède fut également un grand mathématicien. Il découvrit, entre autres, comment calculer le volume des sphères, des cylindres ou des cônes.

Archimède mourut en l'an –212, poignardé par un soldat romain lors de la prise de Syracuse. Le commandant romain Marcellus, qui avait pourtant demandé qu'on le capture vivant, fut affligé par cette grande perte. Il décida d'enterrer Archimède avec tous les honneurs, faisant graver sur sa tombe un cercle et un cylindre en mémoire de ses découvertes.

EURÊKA !

Un jour, Archimède se glissa dans un bain et, au même moment, l'eau qui le remplissait déborda. Enthousiasmé par ce phénomène, on raconte qu'il se précipita hors du bain et courut dans la rue en criant «*Eurêka !*», terme grec signifiant «j'ai trouvé!». Il venait de découvrir que la quantité d'eau déplacée avait un rapport avec la taille et le poids de son corps. Il se servit de cette constatation pour élaborer ce qu'on appelle aujourd'hui le principe d'Archimède, qui explique, entre autres, comment les objets flottent.

Profitez de votre séjour en Sicile pour admirer le majestueux volcan Etna, entouré de vignes, d'oliviers et d'agrumes. Les Grecs et les Romains de l'Antiquité croyaient que l'Etna était la demeure du dieu du Feu. Prenez garde ! Le volcan pourrait se réveiller à tout moment et cracher des cendres, de la lave... et une lettre de l'énigme : **la première lettre du mot grec crié par Archimède en sortant de son bain.**

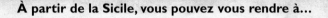

À partir de la Sicile, vous pouvez vous rendre à...

9
Florence, Italie
700 km
l'an 1505

Hissez les voiles d'un cargo vénitien et voguez vers la **page 151 ➡**

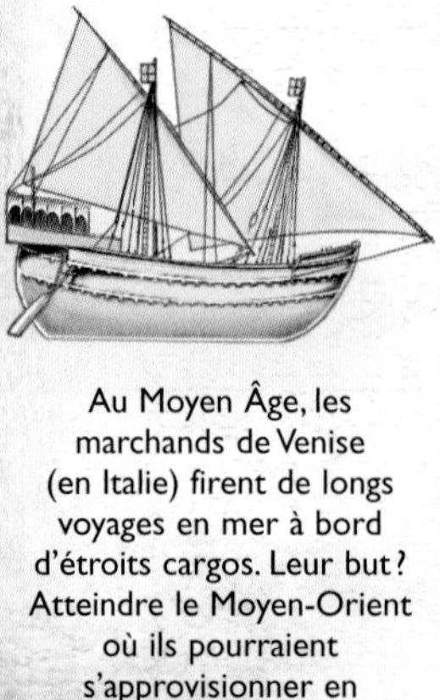

Au Moyen Âge, les marchands de Venise (en Italie) firent de longs voyages en mer à bord d'étroits cargos. Leur but ? Atteindre le Moyen-Orient où ils pourraient s'approvisionner en épices, en textiles et en métaux précieux.

12
Alexandrie, Égypte
1 500 km
l'an –250

Installez-vous dans le creux d'une catapulte et faites vos prières avant d'être projeté à la **page 81 ⬅**

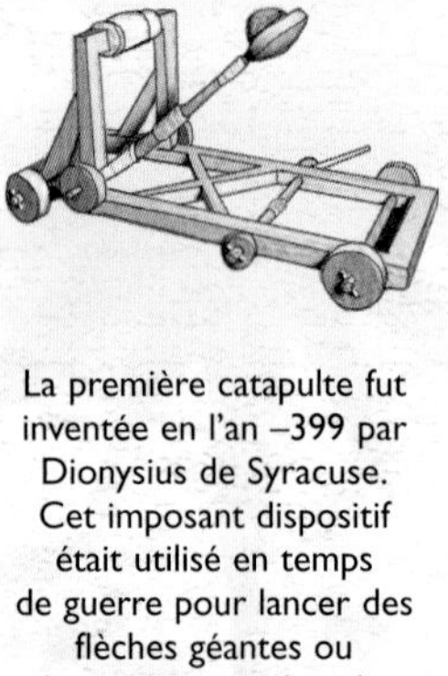

La première catapulte fut inventée en l'an –399 par Dionysius de Syracuse. Cet imposant dispositif était utilisé en temps de guerre pour lancer des flèches géantes ou des pierres très lourdes sur de grandes distances.

16
Sardes, Turquie
1 200 km
l'an –650

Joignez-vous aux galériens d'un dromon et ramez jusqu'à la **page 145 ➡**

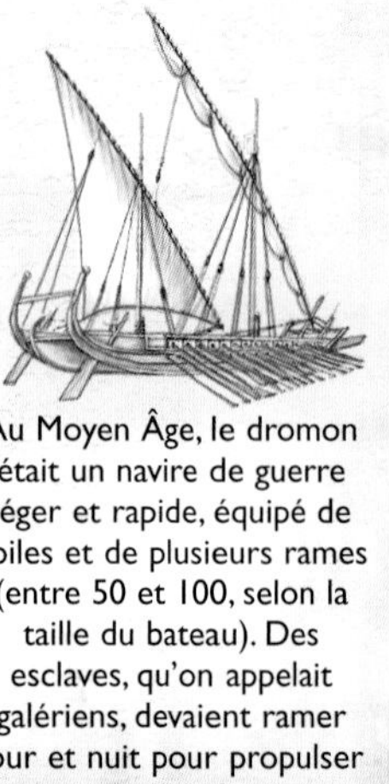

Au Moyen Âge, le dromon était un navire de guerre léger et rapide, équipé de voiles et de plusieurs rames (entre 50 et 100, selon la taille du bateau). Des esclaves, qu'on appelait galériens, devaient ramer jour et nuit pour propulser le navire sur la mer Méditerranée. Quelle galère !

océan Atlantique

En fin de parcours, le vapeur *Sirius* joue de malchance et manque de charbon pour nourrir la chaudière... Pour compléter la traversée de l'Atlantique, l'équipage doit brûler les meubles, les portes et même un mât ! Le bateau arrive à bon port après 18 jours « d'enfer ». Vous l'avez échappé belle ! Débarquez sain et sauf à la page 137...

Afrique du Sud

Lors de son tour du monde, le mauvais sort s'acharne sur l'expédition de Magellan. Un navire fait naufrage, un second déserte, un troisième brûle et Magellan est tué par des indigènes aux Philippines. Sur les cinq bateaux, seul le *Victoria* complétera le tour du monde. Heureusement, c'est le navire qui vous a embarqué, mais votre destination, Cuzco, n'est pas sur son chemin. Contentez-vous donc de débarquer en Afrique du Sud, à la page 137…

34

Amazonie, Brésil
18e siècle

Vous explorez la jungle amazonienne à la recherche d'une substance extraordinaire. Cette dernière serait utilisée par les indigènes d'Amérique pour fabriquer d'étranges vêtements «de pluie». Vous avancez tant bien que mal dans une humidité et une chaleur écrasantes, agacé par le tapage assourdissant de nombreuses petites bestioles...

Vous apercevez soudainement quelques plumes multicolores à travers un enchevêtrement de lianes et de racines. En regardant de plus près, vous réalisez que ces plumes n'appartiennent pas à un oiseau exotique, mais à un homme de la jungle bien paré! Vous êtes terrorisé à l'idée d'avoir affaire à un réducteur de tête. Soudain, l'indigène porte un long tube à sa bouche et souffle dans votre direction... Une fléchette frôle votre chapeau d'explorateur et va se planter dans l'arbre derrière vous. L'homme esquisse un sourire complice, puis s'enfuit. Sa flèche a créé une entaille dans l'écorce de l'arbre. Il s'en écoule un liquide blanchâtre et collant. C'est la substance que vous cherchez!

Vous avez derrière vous un hévéa, un grand arbre originaire d'Amérique du Sud. Le liquide blanchâtre qu'il sécrète est appelé latex. Lorsqu'elle sèche à l'air libre, cette substance devient un matériau imperméable et élastique absolument exceptionnel. C'est le caoutchouc !

hévéa

•••

Les peuples qui vivaient en Amérique avant l'arrivée des Européens connaissaient bien le caoutchouc. Ils enduisaient leurs vêtements de latex pour les rendre imperméables et se fabriquaient des bottes de pluie sur mesure en trempant leurs pieds dans le latex et en les laissant sécher ! Les Aztèques, un peuple qui habitait le Mexique, utilisaient des balles de caoutchouc pour jouer au tlachli, un jeu ressemblant au basket-ball. Lors de la conquête de l'Amérique, les Espagnols étaient si impressionnés par les rebondissements de ces balles qu'ils croyaient qu'elles étaient possédées par des esprits diaboliques !

Au 18e siècle, des scientifiques tels que le Français Charles de La Condamine explorèrent l'Amérique et découvrirent le latex. Ils en ramenèrent des échantillons en Europe. Malheureusement, les longs voyages en bateau asséchaient la précieuse substance et la rendaient inutilisable. En 1768, on constata que le caoutchouc redevenait liquide lorsqu'il était trempé dans une solution d'éther (un alcool). Suite à cette découverte, le Britannique Charles Macintosh imita le savoir des indigènes d'Amérique en trempant un manteau dans le latex et lança officiellement le premier imperméable.

On réalisa rapidement que le caoutchouc, une fois durci, présentait un inconvénient majeur : il devenait mou et collant à la chaleur et se cassait au froid. C'est par hasard que l'Américain Charles Goodyear résolut ce problème en 1839.

Il échappa accidentellement du soufre (un élément chimique) et du caoutchouc sur son fourneau. Les deux ingrédients chauffés ensemble donnèrent un caoutchouc élastique, beaucoup plus résistant aux températures extrêmes. Ce procédé, appelé vulcanisation, permit au Britannique John Boyd Dunlop de mettre au point le premier pneu de bicyclette en 1888. Quelques années plus tard, en France, les frères André et Édouard Michelin adaptèrent cette invention aux roues de voiture.

Aujourd'hui, le caoutchouc est utilisé dans une panoplie d'autres d'objets. Son élasticité permet de gonfler des ballons de fête ou de faire rebondir des balles. Son imperméabilité est mise à profit dans la confection de vêtements de pluie ou de plongée et son action isolante, dans l'enrobage des fils électriques. On se sert aussi du caoutchouc pour fabriquer des gommes à effacer, des élastiques, des bouchons de bain, des sacs étanches, des tuyaux de jardin et bien plus encore.

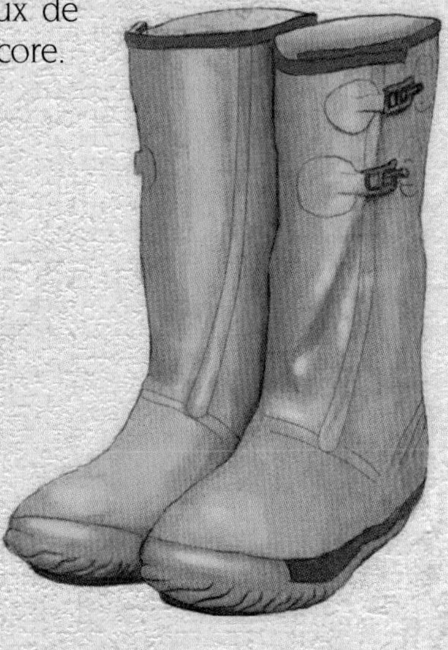

Avant de quitter l'Amazonie, prenez le temps d'explorer la forêt la plus riche du monde. Dans la jungle, vous croiserez des perroquets multicolores, de magnifiques papillons, des écureuils volants et d'innombrables moustiques. Attention à l'anaconda ! Le plus grand serpent du monde pourrait s'enrouler autour de vous et… vous siffler une lettre de l'énigme : **la première lettre du nom d'un jeu aztèque.**

À partir de l'Amazonie, vous pouvez vous rendre à…

32
Tenochtilán, Mexique
5 000 km
l'an 1519

Levez les voiles d'une jangada et laissez le vent vous pousser jusqu'à la **page 115 ➡**

La jangada, une invention brésilienne datant de 400 ans, est un radeau de bois muni d'une voile. Elle est sans conteste l'ancêtre de la planche à voile.

33
Cuzco, Pérou
2 000 km
l'an 1525

Accrochez-vous à la locomotive du train des Andes et suivez les rails jusqu'à la **page 63 ⬅**

Les plus hautes voies ferrées du monde sillonnent la cordillère des Andes, en Amérique du Sud. Les trains grimpent à plus de 4 800 m au-dessus du niveau de la mer. Heureusement, les wagons sont équipés de bouteilles d'oxygène pour les passagers qui souffrent du mal d'altitude.

15
Swartkrans, Afrique du Sud
10 000 km
l'an –2 500 000

Prenez la barre du navire à vapeur *Sirius* et mettez le cap sur la **page 101 ⬅**

En 1838, le bateau à vapeur *Sirius* traversa l'océan Atlantique sans utiliser ses voiles. En cours de route, le navire britannique dut faire face à une tempête et une tentative de rébellion de l'équipage…

2
Londres, Grande-Bretagne
l'an 1925

Il pleut à torrents. Vous tentez, tant bien que mal, d'enjamber les multiples flaques d'eau qui inondent les trottoirs de Soho, un quartier de Londres réputé pour ses théâtres, ses hôtels et ses boutiques. Trempé jusqu'aux os, vous vous réfugiez dans un immeuble haut et étroit situé au 22, Frith Street. Vous entendez alors un curieux bourdonnement en provenance du grenier de l'édifice. Montez donc l'étroit escalier qui se trouve devant vous !

Parvenu au grenier, vous voyez un garçon. Ce dernier semble hypnotisé par une étrange roulette qui tourne et tourne sans cesse devant lui. Près de la roulette, une énorme lampe projette un éclairage aveuglant qui fait suer le jeune homme à grosses gouttes. Un bruit provient soudainement de la pièce adjacente. Allez voir... Dans cette autre pièce, une deuxième roulette tourne. Devant celle-ci, pas de garçon, mais une curieuse boîte... Un homme d'allure plutôt fière regarde fixement à l'intérieur. Approchez-vous et jetez un coup d'œil derrière son épaule.

Incroyable ! Au fond de la boîte, vous apercevez... l'image du garçon en sueur !

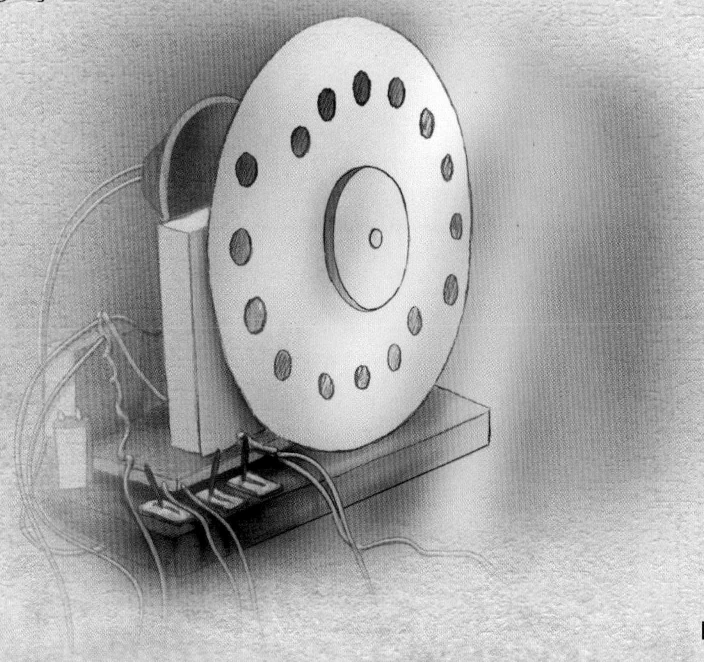

Le garçon en question s'appelle William Taynton. Il passera à l'histoire pour avoir été le premier à paraître à la télévision! L'homme de l'autre pièce, fier et avec raison, est l'ingénieur écossais John Logie Baird, l'inventeur de la télévision. C'est à l'aide d'un dispositif hors du commun qu'il réussit, en 1925, à créer cette image historique!

LE FONCTIONNEMENT DE LA TÉLÉVISION DE BAIRD

L'appareil de Baird est muni d'une lampe et d'un disque tournant percé d'une série de trous disposés en spirale. Chaque trou laisse passer la lumière de la lampe pendant une fraction de seconde. La lumière reçue par chacune des parties du sujet exposé est réfléchie et associée à une intensité de lumière qui peut aller du noir au blanc (selon les zones d'ombres et les couleurs de l'objet). Une cellule photoélectrique convertit les divers signaux lumineux en impulsions électriques plus ou moins fortes. Les signaux électriques sont envoyés à l'aide d'antennes (émettrice et réceptrice) à un récepteur. Celui-ci, également muni d'une lampe et d'un disque tournant, recrée chaque portion plus ou moins claire de l'image selon l'intensité des signaux électriques reçus. Ce processus se fait si rapidement qu'on peut reconstituer en direct une succession d'images en noir et blanc qui donnent l'impression du mouvement.

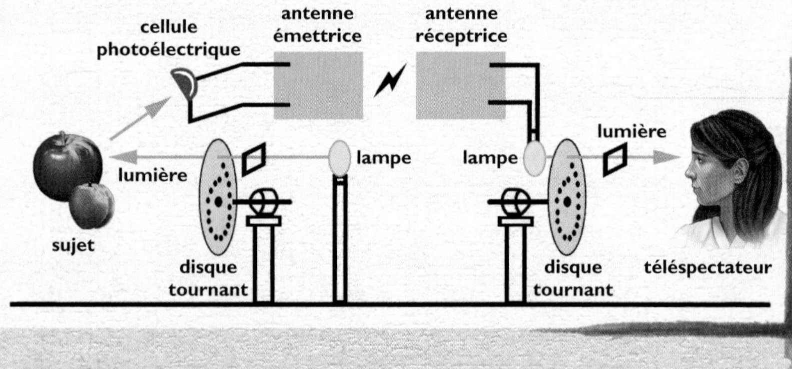

L'invention de Baird permit à la chaîne anglaise BBC de diffuser les premières émissions de télévision de l'histoire, en 1929. Mais le procédé du disque tournant occasionnait beaucoup de pannes dues à des bris mécaniques. Il fut donc remplacé, en 1936, par un système électronique mis au point par l'Américain d'origine russe Vladimir Zworykin. Ce système utilisait l'iconoscope, la première caméra de télévision. Il permettait de capter une image par balayage, c'est-à-dire en l'explorant très rapidement, ligne par ligne et point par point, à l'aide d'un faisceau lumineux. Comme dans le système de Baird, chaque point de l'image était converti en impulsion électrique d'une intensité précise. Le téléviseur qui recevait le signal électrique possédait un faisceau lumineux qui balayait rapidement l'écran, recréant les images en milliers de points plus ou moins foncés.

téléviseur, 1954

Cette technologie performante permit à la télévision noir et blanc de se répandre dans les foyers américains et européens pendant les années 1940 et 1950. En 1953, la télévision en couleurs fit son apparition. Une combinaison de faisceaux colorés remplaçait alors l'unique faisceau lumineux du système de Zworykin.

Aujourd'hui, le développement des satellites et des antennes paraboliques nous permet de regarder en direct des émissions télévisées provenant des quatre coins du monde ! La télévision de haute définition produit des images d'une netteté exceptionnelle sur des écrans de plus en plus grands et de plus en plus minces. Bientôt, la télévision interactive nous permettra d'accéder au programme de notre choix, à l'heure qui nous convient !

Prenez un bus rouge à deux étages pour vous rendre au célèbre Buckingham Palace, résidence de la famille royale britannique. À l'entrée du palais, vous aurez la chance de rencontrer les gardes de la reine. Ils restent immobiles et imperturbables, telles des statues de cire. Vous pouvez toujours grimacer, ils ne broncheront pas...

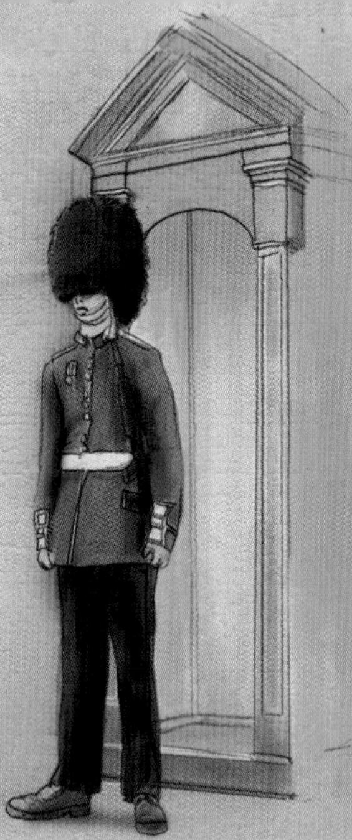

À partir de Londres, vous pouvez vous rendre à...

3
Paris, France
350 km
l'an 1895

Utilisez le dirigeable à vapeur de Henri Giffard et dirigez-vous vers la
page 23 ←

Le 24 septembre 1852, l'ingénieur français Henri Giffard fit décoller son aéronef de la ville de Paris, en France, et vola sur une distance de 27 km. Le dirigeable, qui fonctionnait avec un moteur à vapeur, réussit le premier vol motorisé!

5
Middelburg, Pays-Bas
300 km
l'an 1608

Explorez les fonds marins à bord du sous-marin de Cornelius van Drebbel et refaites surface à la
page 11 ←

En 1620, Cornelius van Drebbel, un Hollandais travaillant à Londres, construisit un sous-marin propulsé par 12 avirons. Grâce à un tuyau qui émergeait à la surface de l'eau, les rameurs pouvaient se remplir les poumons d'air frais!

1
Berkeley, G.-B.
200 km
l'an 1802

Mettez un peu de charbon dans la chaudière de la locomotive à vapeur et entrez en gare à la
page 37 ←

En 1804, l'ingénieur anglais Richard Trevithick construisit la première locomotive à vapeur. Cette dernière tirait des wagons remplis de charbon et de passagers sur une voie ferrée. Il ne fallait pas être pressé... La locomotive ne roulait qu'à 8 km/h!

18
Ourouk, Irak
l'an –3500

Vous voici en Mésopotamie, plus précisément à Ourouk, l'une des toutes premières villes du monde. Jamais auparavant vous n'avez vu une si grande concentration d'habitations. Autour de vous, les maisons sont entassées les unes sur les autres et même parfois les unes par-dessus les autres.

Vous êtes soudainement attiré vers une demeure devant laquelle sont posés de jolis vases. Dans l'espoir de rencontrer l'artisan qui a fabriqué ces petites merveilles, vous pénétrez dans la maison. Vous traversez une pièce, puis une autre et finissez par vous retrouver dans une cour intérieure. Là, vous apercevez une femme assise devant une étrange « table tournante » constituée d'une tranche d'arbre qui pivote sur un pieu. La rondelle de bois tourne, tourne et tourne si vite que, sous le coup de l'étourdissement, vous tombez à la renverse. Relevez-vous et observez le travail de cette femme. Elle dépose une boule de glaise sur la table tournante et façonne ensuite l'argile avec ses mains pour la transformer… en pot !

Ingénieux n'est-ce pas ? La potière que vous venez de voir à l'œuvre utilise un des premiers tours de potier, un appareil servant à façonner des pièces en les faisant tourner sur elles-mêmes. Sachez que les artisans de la Mésopotamie ont inventé bien plus qu'un dispositif pour fabriquer des pots. Ils ont conçu, du même coup, ce qui est considéré comme la reine des inventions et la mère de toutes les machines : la roue !

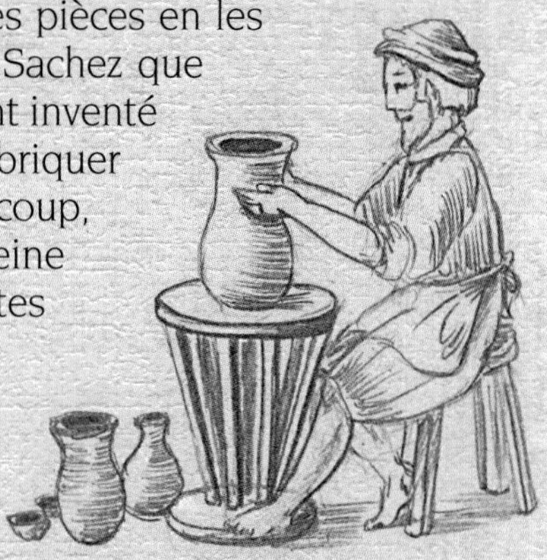

potier

•••

La première roue, inventée vers l'an –3500 en Mésopotamie (l'Irak actuel), fit partie d'un tour de potier. Sans doute inspirés par cette forme ronde et mobile, les Mésopotamiens eurent bientôt l'idée d'utiliser la roue pour le transport. Ils fixèrent deux roues à un traîneau et conçurent des charrettes tirées par des mules ou des bœufs. Dès lors, il devint plus facile de transporter de lourdes charges d'un lieu à un autre. Enfin, pour alléger le véhicule et augmenter sa vitesse, on transforma bientôt la charrette en char tiré par des chevaux.

Les premières roues étaient pleines et fabriquées, par exemple, à partir de tranches de tronc d'arbre. Les roues à rayons, plus légères et plus rapides, furent inventées au Moyen-Orient vers l'an –2000.

En plus de permettre l'essor des moyens de transport, l'invention de la roue favorisa l'apparition des premières machines. Les poulies, les engrenages et les moulins à eau sont autant de mécanismes qui ne fonctionneraient pas sans la roue.

L'invention de la poulie remonte à ▶ l'an –800. Son mécanisme est constitué d'une roue autour de laquelle s'enroule une corde ou une chaîne, attachée à un objet à lever. En tirant sur la corde, l'objet s'élève très facilement. Pour lever des objets plus lourds, il suffit de combiner plusieurs poulies.

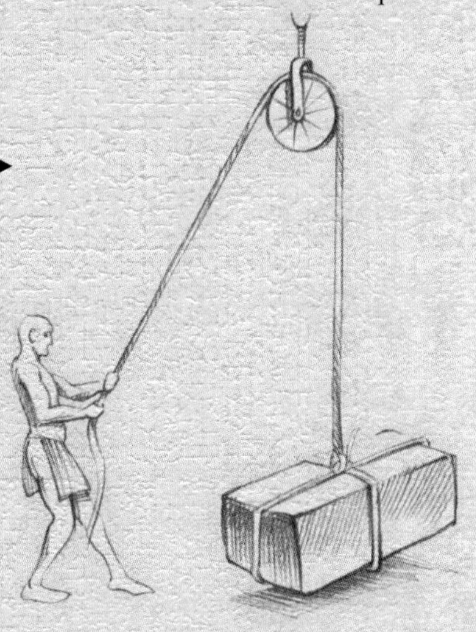

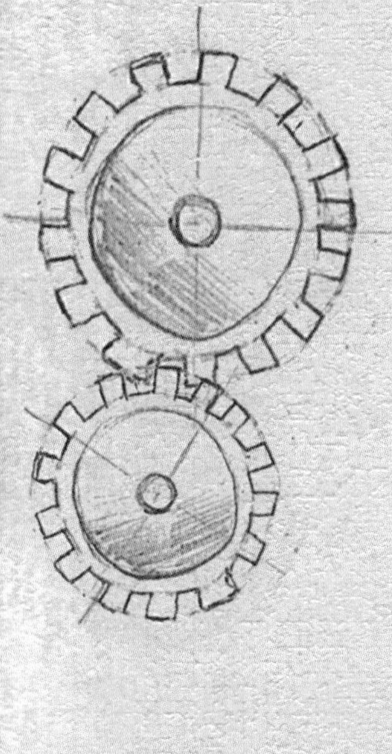

◀ Inventés il y a plus de 2000 ans, les engrenages sont composés de plusieurs roues dentées. Les dents de l'une pénètrent entre les dents de l'autre. En tournant, la première roue transmet son mouvement à la roue voisine et ainsi de suite. Aujourd'hui, les engrenages sont utilisés dans une grande variété d'objets comme les poignées de porte, les serrures, les bicyclettes, les montres et les horloges.

La roue à aubes fut inventée par les ▶ Grecs, il y a un peu plus de 2000 ans, dans le but de faire fonctionner des moulins à eau. Ce type de roue est placé dans une rivière où l'écoulement de l'eau l'entraîne à tourner. La roue à aubes transmet ensuite sa force motrice à une meule qui broie le grain à l'intérieur du moulin.

Rendez-vous sous la tente pour un repas amical avec les Bédouins. Ces Arabes du désert vous ont préparé, outre de savoureuses grillades sur feu de bois, quelques gâteries au miel et aux dattes. Observez bien vos hôtes. Ils cachent peut-être, sous le foulard qui recouvre leur tête, une lettre de l'énigme : **la huitième lettre du nom de l'ancienne région du Moyen-Orient où fut inventée la roue.**

À partir d'Ourouk, vous pouvez vous rendre à…

17	23	20
Kish, Irak 150 km l'an –3000	**vallée du fleuve Jaune, Chine 6 300 km l'an –2737**	**Ujjayini, Inde 2 800 km 5e siècle**

Agrippez-vous à un *quffa* et remontez l'Euphrate jusqu'à la **page 29** ◀

Les *quffas* (« paniers » en arabe) étaient des bateaux circulaires en osier utilisés il y a plus de 3 000 ans en Mésopotamie. Ils étaient recouverts de peaux de moutons pour assurer leur étanchéité. Certains *quffas* pouvaient transporter jusqu'à 20 passagers !

Joignez-vous à l'immense flotte de l'amiral Zheng He et fendez les flots jusqu'à la **page 150** ▶

Au 15e siècle, l'amiral chinois Zheng He explora les pays bordant l'océan Indien avec une flotte de plus de 100 navires. Certains voiliers possédaient neuf mâts et mesuraient plus de 130 m de long. Ils étaient alors cinq fois plus gros que les caravelles européennes !

Utilisez un chariot à quatre roues et laissez les hémiones vous tirer jusqu'à la **page 55** ◀

Les chariots à quatre roues apparurent vers l'an –2500, en Mésopotamie. Ils étaient tirés par des hémiones, des animaux apparentés à l'âne et au cheval. Allez, hue !

32

Tenochtitlán, Mexique
l'an 1519

Vous vous dirigez en canoë vers la ville de Tenochtitlán, située sur une île au cœur d'un lac mexicain. Après avoir croisé de multiples jardins flottants, vous constatez avec surprise que vous n'avez pas à débarquer de votre canoë pour entrer dans la capitale de l'empire aztèque. Des rivières artificielles servent en effet de rues ! Vous accostez bientôt sur un vaste plateau où se dressent de somptueux palais et d'énormes temples en forme de pyramide. C'est ici que se trouve le palais de Montezuma. Entrez, l'empereur vous attend !

Montezuma a organisé une grande réception en votre honneur. Il vous sert, dans des gobelets en or, la boisson sacrée des Aztèques : un breuvage rouge qui ressemble étrangement à du sang. Vous pensez aux sacrifices humains pratiqués par les Aztèques… Un frisson vous parcourt. Allez, ne faites pas le difficile et goûtez…

Pouah ! Vous recrachez aussitôt ce breuvage extrêmement amer.

Rassurez-vous car si cette boisson est rouge, c'est en raison du colorant ajouté par les Aztèques. En fait, une graine brunâtre constitue l'ingrédient principal de ce breuvage. Difficile à croire, mais vous venez de goûter pour la toute première fois… à du chocolat !

•••

Les graines de cacao sont à la base du chocolat. Elles proviennent du fruit du cacaotier, un arbre originaire des forêts chaudes et humides d'Amérique.

Les peuples indigènes d'Amérique ont commencé à cultiver le cacao il y a plusieurs centaines d'années. Ils se servaient de ses graines pour fabriquer une boisson chocolatée très épicée. À quelques fèves de cacao broyées, ils ajoutaient de l'eau, du poivre et quelques piments. Même si ce breuvage était amer et bien différent du breuvage chocolaté que nous connaissons aujourd'hui, l'empereur Montezuma en raffolait. On raconte qu'il pouvait en boire 50 tasses par jour !

Les indigènes d'Amérique utilisèrent également le chocolat comme médicament, comme produit de beauté, comme offrande et comme monnaie d'échange. Ainsi, pour acheter une dinde, il fallait débourser 100 fèves de cacao. Ces dernières étaient presque aussi précieuses que l'or !

Lorsque les troupes du conquistador espagnol Cortés débarquèrent au Mexique, en 1519, les Aztèques leur servirent du chocolat chaud. Les Espagnols n'apprécièrent pas tout de suite le goût amer de ce breuvage. Mais ils découvrirent qu'ils pouvaient éliminer son amertume en le sucrant. En 1527, Cortés rapporta du cacao en Europe. La boisson chaude et sucrée fit fureur !

Au début du 19e siècle, un chimiste hollandais du nom de Conrad J. van Houten inventa une presse spéciale qui, en écrasant la fève de cacao, la séparait en poudre et en beurre. La poudre obtenue servit à améliorer la confection de la boisson chocolatée, alors que le beurre permit d'obtenir, pour la première fois, du chocolat solide. La toute première tablette de chocolat fut mise sur le marché en 1847 par la compagnie anglaise Fry and Sons. En 1875, le Suisse Daniel Peter inventa le fameux chocolat au lait. Celui-ci devint rapidement populaire en raison de sa saveur douce et de sa texture onctueuse.

Aujourd'hui, le chocolat est la friandise la plus consommée sur la planète. Les plus grands consommateurs sont les Suisses, qui l'apprécient avec une forte proportion de lait et souvent agrémenté de noisettes. Les Anglais l'aiment avec du caramel. Les Américains ont un penchant pour le chocolat très sucré, alors que les Français l'apprécient plus amer.

poudre de cacao

chocolat noir

chocolat au lait

Ne quittez pas le Mexique sans avoir participé à une fiesta mexicaine. Vous serez peut-être le chanceux qui cassera la piñata. Les yeux bandés, un bâton à la main, tentez de fracasser cette jarre de terre cuite joliment décorée et suspendue à un arbre. Le jeu en vaut la chandelle, car la piñata contient des bonbons, des jouets et deux lettres de l'énigme : **la sixième et la septième lettre du nom d'un empereur aztèque.**

À partir du Mexique, vous pouvez vous rendre à...

26
San Francisco, É.-U.
3 000 km
l'an 1971

Sautez dans une jeep et traversez le désert et la sierra jusqu'à la **page 49** ←

La première jeep fut utilisée par l'armée américaine en 1944. Ces véhicules robustes mais légers pouvaient être parachutés d'un avion. En 1971, les astronautes de la mission Apollo en emmenèrent une... sur la Lune !

34
Amazonie, Brésil
5 000 km
18e siècle

Prenez le départ avec la voiture de course du « Maestro » et foncez vers la ligne d'arrivée à la **page 103** ←

Dans les années 1950, le célèbre pilote argentin Juan Manuel Fangio, surnommé le « Maestro », remporta cinq championnats du monde avec sa *Maserati 250F*. Son bolide atteignait 290 km/h. Attachez votre ceinture !

33
Cuzco, Pérou
5 000 km
l'an 1525

Laissez-vous paresseusement porter sur une litière inca jusqu'à la **page 63** ←

Au 16e siècle, en Amérique du Sud, les dignitaires de l'empire inca étaient transportés sur des lits couverts munis de brancards. Ces litières étaient généralement portées par des hommes qui suaient à grosses gouttes pendant que leur chef se prélassait doucement...

24

Melbourne, Australie
l'an 1978

Vous vous réveillez tranquillement, après un profond sommeil, dans une clinique médicale de Melbourne, en Australie. Vous vous rappelez soudainement la raison pour laquelle vous êtes dans cette clinique. Vous touchez instinctivement le pansement autour de votre oreille... L'opération que vous avez subie est-elle réussie ?

Vite, testez divers bruits ! Claquez des doigts, tapez des mains... Rien. Comme toujours, vous n'entendez absolument rien. Vous êtes encore sourd comme un pot, prisonnier d'un monde silencieux. Le cœur brisé, vous vous laissez tomber lourdement sur votre oreiller. Soudain, la porte s'ouvre et votre médecin fait son entrée dans la salle. Il tente de vous parler, mais vous ne voyez que le mouvement de ses lèvres. Puis, avec un sourire, il ajuste le petit appareil installé à côté de vous. Vous commencez alors à percevoir une rumeur lointaine qui se précise, peu à peu :

« M'entendez-vous ? M'entendez-vous ? M'entendez-vous ? »

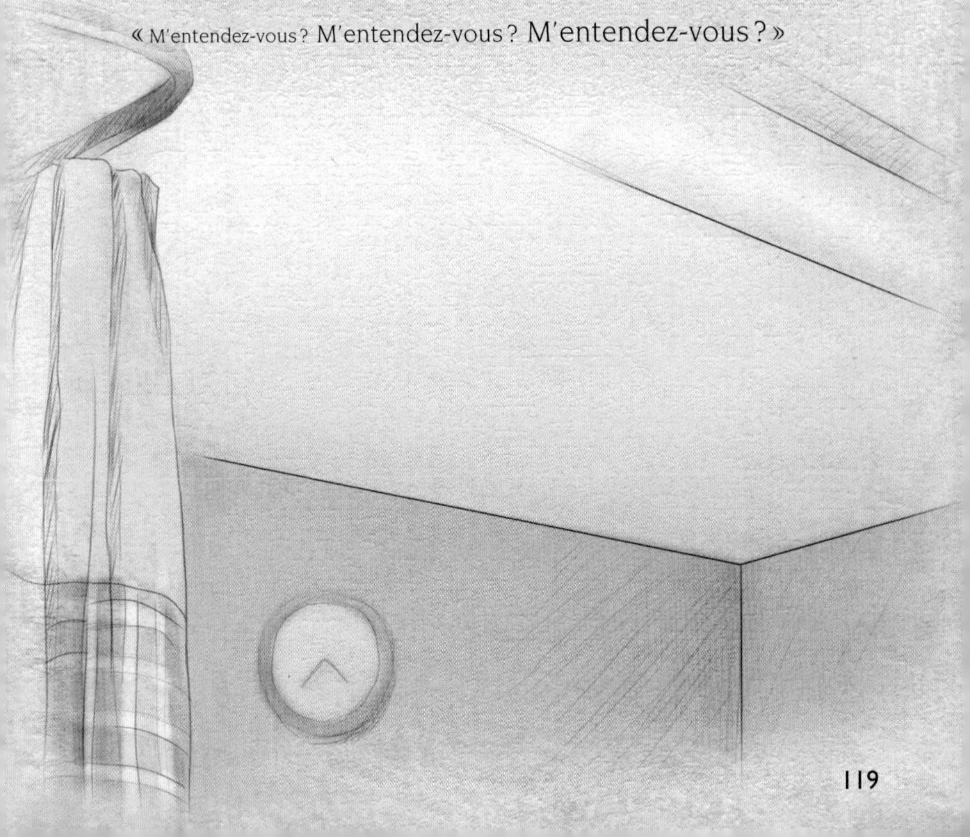

Oui, vous l'entendez ! Et ses mots sonnent comme la plus belle des musiques !

Votre médecin, le Dr Graeme Clark, est l'inventeur de l'implant cochléaire, ou oreille bionique. Cette invention permettra, à partir de 1978, à des dizaines de milliers de sourds profonds de retrouver partiellement le sens de l'ouïe.

LE FONCTIONNEMENT DE L'OREILLE BIONIQUE

La cochlée, située à l'intérieur de l'oreille, est pavée de milliers de cellules sensorielles en forme de poils. Chacune vibre au son d'une note particulière. Ces notes sont transformées en signaux électriques qui voyagent par le nerf auditif jusqu'au cerveau, où ils sont décodés. La surdité est souvent provoquée par des cellules sensorielles endommagées. L'oreille bionique du Dr Clark est composée d'électrodes qui jouent le rôle des cellules sensorielles.

1. Un microphone installé à l'extérieur de l'oreille capte les sons.
2. Un processeur les transforme ensuite en signaux électriques.
3. Ces signaux sont envoyés par le biais d'un fil jusqu'aux électrodes installées dans la cochlée.
4. Selon les électrodes stimulées, un message sonore est envoyé au cerveau.

Les sons perçus par une oreille bionique sont très différents de ceux perçus par l'oreille humaine. C'est qu'une vingtaine d'électrodes ne peuvent remplacer des dizaines de milliers de cellules sensorielles.

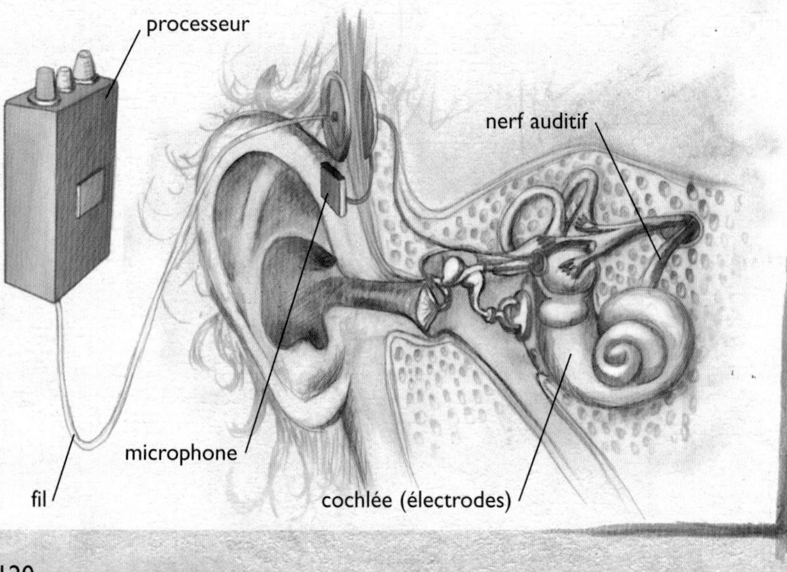

Depuis longtemps, les humains ont cherché à remplacer leurs membres malades ou perdus. On a retrouvé en Égypte une prothèse de pied vieille de plus de 4000 ans !

La transplantation, ou greffe, est un phénomène beaucoup plus récent. Plutôt que d'utiliser un organe artificiel (comme une jambe de bois ou une oreille bionique), cette opération consiste à remplacer un organe malade par un organe sain provenant du corps d'un donneur. Dans les années 1950, on réussit pour la première fois la transplantation d'un rein. En 1967, en Afrique du Sud, le Dr Christian Barnard réalisa la première transplantation d'un cœur.

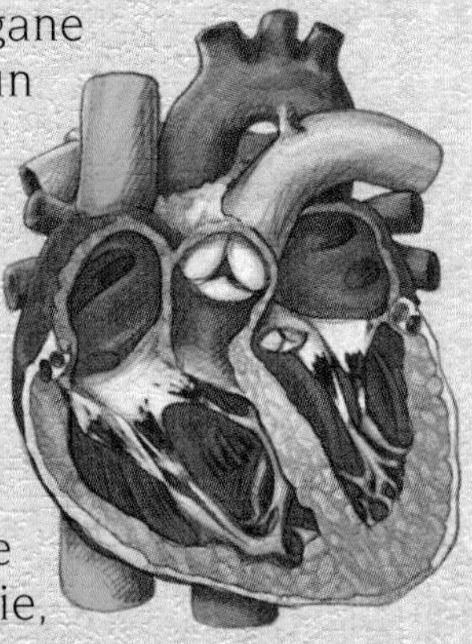

Aujourd'hui, les transplantations se multiplient et se diversifient : rein, foie, cœur, poumon, pancréas, moelle osseuse, peau... La greffe de cornée, dans l'œil, peut redonner la vue à des personnes souffrant d'une déficience visuelle. Les organes artificiels ne cessent aussi de s'améliorer. Outre l'oreille bionique qui permet aux personnes sourdes de retrouver l'ouïe, des prothèses articulées permettent aux personnes amputées des bras ou des jambes de retrouver une vie normale !

Partez à vos risques et périls à la découverte de la faune australienne. On trouve ici plus de serpents venimeux que nulle part ailleurs. Et c'est sans compter les scorpions, les araignées venimeuses, les requins et les crocodiles mangeurs d'hommes... Heureusement qu'il existe aussi des animaux moins menaçants, comme le kangourou. Qui sait si sa poche ventrale cache une lettre de l'énigme : **la quatrième lettre du nom de famille du médecin qui a effectué la première transplantation du cœur.**

À partir de Melbourne, vous pouvez vous rendre à...

25
Majuro, îles Marshall
5 600 km
l'an –100

Empruntez une pirogue double polynésienne et bourlinguez jusqu'à la **page 41** ←

La pirogue double est l'ancêtre du catamaran. Très stable, elle était composée de grandes voiles et de deux canoës reliés par une planche de bois. C'est à bord de ces pirogues que les Polynésiens colonisèrent les îles du Pacifique, il y a des milliers d'années.

33
Cuzco, Pérou
13 000 km
l'an 1525

Joignez-vous à l'expédition du navigateur Magellan et débarquez à la **page 102** ←

En 1519, l'explorateur portugais Fernand de Magellan quitta l'Espagne avec cinq navires. L'expédition traversa l'océan Atlantique, puis le Pacifique. Elle parcourut ensuite l'océan Indien et contourna l'Afrique avant de revenir en Espagne, complétant le premier tour du monde !

15
Swartkrans, Afrique du Sud
10 000 km
l'an –1 500 000

Munissez-vous d'une pagaie et propulsez un canot maori jusqu'à la **page 137** →

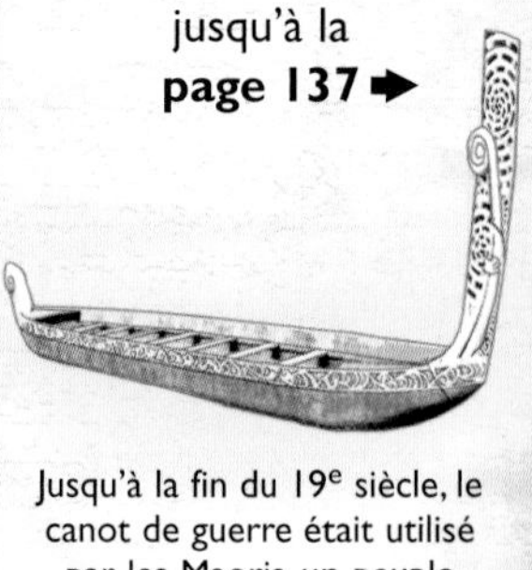

Jusqu'à la fin du 19e siècle, le canot de guerre était utilisé par les Maoris, un peuple habitant la Nouvelle-Zélande. Magnifiquement décorée, cette embarcation de 20 m de long était propulsée à la pagaie par une centaine d'hommes !

13

Edfou, Égypte
l'an –200

Vous êtes à Edfou, ville égyptienne dominée par le temple d'Horus, le dieu faucon. Une statue colossale du dieu protège l'imposant monument. Entrez dans le temple...

Vous vous retrouvez bientôt dans un dédale de corridors obscurs. La lueur de votre lampe vous permet d'apercevoir des murs couverts d'une écriture étrange. On dirait une bande dessinée gigantesque mettant en vedette le pharaon et une multitude de dieux aux têtes d'animaux. Les écritures et les dessins sont partout : sur les murs, sur les colonnes et même sur les plafonds ! Soudain, une fumée envoûtante vous attire vers une pièce éclairée d'une lueur faible... Plus vous vous approchez de la pièce, plus la fumée devient dense. Vous êtes incapable de faire demi-tour, comme si vous étiez victime d'un sortilège. Pénétrez dans la pièce.

À l'intérieur, vous avez l'étrange impression d'être dans un jardin de fleurs. Serait-ce un rêve ?

Vous ne rêvez pas ! Vous venez plutôt d'être envoûté par une invention égyptienne célèbre : le parfum.

La chambre dans laquelle vous vous trouvez est un laboratoire. Dans cette pièce enfumée, les prêtres égyptiens concoctent toutes sortes de parfums, dont le précieux encens. Ici, les odeurs les plus subtiles peuvent mûrir pendant des mois ! Sur les quatre murs sont inscrits les procédés de fabrication de diverses fragrances. Cette chambre est un véritable livre de recettes !

•••

Les habitants de l'Égypte ancienne considéraient le parfum comme un bien sacré. Ils faisaient brûler de l'encens matin, midi et soir, en offrande aux dieux. Le parfum jouait aussi un rôle crucial dans les cérémonies funéraires. Les Égyptiens emplissaient les cadavres de myrrhe et d'huiles parfumées pour éloigner les parasites et conserver le corps et l'âme des morts. Mais ce n'est pas tout.

Les Égyptiens s'enduisaient régulièrement le corps de graisse animale parfumée. Ils utilisaient celle-ci comme instrument de coquetterie et protégeaient du même coup leur peau des chauds rayons du soleil ! La reine Cléopâtre, qui régna sur l'Égypte il y a un peu plus de 2000 ans, raffolait du parfum. On dit qu'elle faisait parfumer les voiles de ses bateaux et que son odeur envoûtante aurait séduit de nombreux hommes, dont le célèbre empereur romain Jules César.

LA FABRICATION DU PARFUM

En Égypte ancienne, on fabriquait le parfum en faisant tremper une plante odorante dans de l'huile végétale ou de la graisse animale, des substances qui ont la capacité d'absorber les odeurs. Une fois imprégnée du parfum, la graisse ou l'huile était brûlée, ce qui emplissait l'air d'une agréable odeur. Lors des grandes occasions, les Égyptiens plaçaient des cônes de parfum sur leur tête. La chaleur du corps faisait alors fondre la graisse parfumée sur leur perruque et leur visage.

Les Égyptiens transmirent leur passion du parfum aux Romains. Ces derniers parfumaient chaque partie de leur corps d'une odeur différente et allaient même jusqu'à en avaler pour chasser la mauvaise haleine ! L'engouement pour le parfum gagna les pays arabes au 9e siècle, puis toute l'Europe à partir du 13e siècle.

Aujourd'hui, on n'a plus besoin de graisse ou de plantes odorantes pour créer un parfum. Les progrès de la chimie permettent aux parfumeurs de recréer de façon artificielle pratiquement toutes les odeurs. On peut même inventer de nouvelles fragrances !

Un voyage en Égypte n'est pas digne de ce nom sans une visite des pyramides de Gizeh. Rendez-vous sur le célèbre site en traversant le désert à dos de chameau. Regardez vers l'horizon! Serait-ce un mirage ou vous voyez là deux lettres de l'énigme: **la première et la quatrième lettre du nom du pays où a été inventé le parfum.**

À partir d'Edfou, vous pouvez vous rendre à...

20
Ujjayini, Inde
4500 km
5e siècle

Empruntez la barque solaire de Kheops et effectuez un voyage pharaonique sur l'océan Indien vers la **page 53** ←

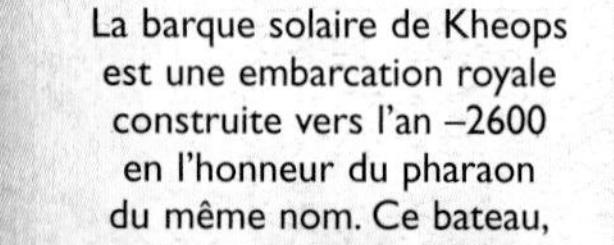

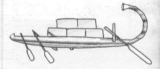

La barque solaire de Kheops est une embarcation royale construite vers l'an –2600 en l'honneur du pharaon du même nom. Ce bateau, qui mesurait près de 40 m de long, devait transporter le souverain sur les eaux du ciel.

14
gorges d'Olduvai, Tanzanie
3500 km
l'an –2500000

Traversez le désert au volant d'un véhicule safari 4x4 et arrêtez prendre quelques photos à la **page 15** ←

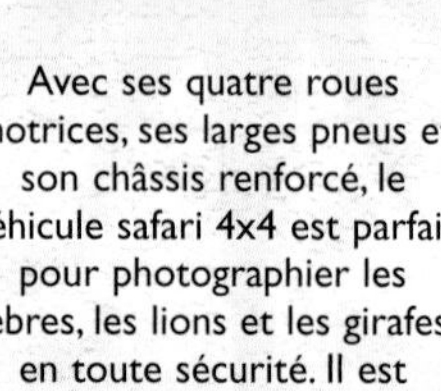

Avec ses quatre roues motrices, ses larges pneus et son châssis renforcé, le véhicule safari 4x4 est parfait pour photographier les zèbres, les lions et les girafes, en toute sécurité. Il est aussi plus confortable que le dos d'un chameau!

12
Alexandrie, Égypte
750 km
l'an –250

Montez à bord d'une péniche égyptienne et descendez tranquillement le fleuve Nil jusqu'à la **page 81** ←

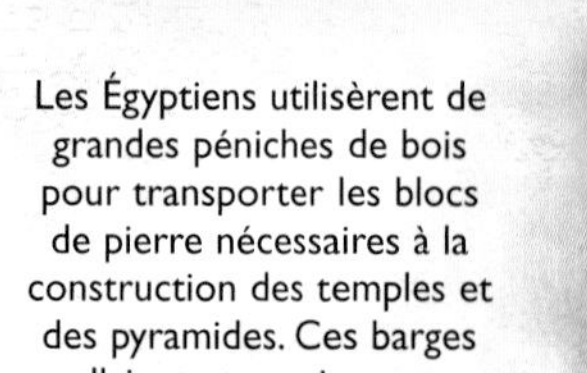

Les Égyptiens utilisèrent de grandes péniches de bois pour transporter les blocs de pierre nécessaires à la construction des temples et des pyramides. Ces barges allaient et venaient sur le Nil, entre les carrières de pierres du sud du pays et les édifices du nord.

prairies américaines

Quelle misère ! Déjà, votre diligence s'est embourbée plusieurs fois dans les montagnes Rocheuses et voilà qu'au cœur de la prairie, des bandits l'attaquent et la cambriolent. On vous extorque votre argent, vos bottes et votre beau chapeau de cow-boy ! Heureusement, les brigands n'ont pas dérobé les lettres de l'énigme que vous avez accumulées. Continuez fauché vers Chicago à la page 33…

New Jersey, États-Unis

Après une traversée de l'Atlantique couronnée de succès, votre zeppelin se prépare à atterrir non loin de votre destination, au New Jersey. Soudain, le *Hindenburg* prend feu ! Puis, il s'écrase tragiquement au sol… Sur les 97 personnes à bord, 35 périssent. Ce sinistre événement, qui a lieu le 6 mai 1937, met abruptement fin à la popularité des zeppelins. Heureusement, vous êtes rescapé. Clopinez vers Menlo Park à la page 71.

4
Vallon-Pont-d'Arc, France
l'an –30 000

Les derniers rayons du soleil illuminent le pont d'Arc, un pont naturel gigantesque enjambant la rivière Ardèche, dans le sud-est de la France. Divers bruits se font entendre, de plus en plus fort à mesure que le ciel s'obscurcit : hululements, bruissements de feuilles, grognements... Ces rumeurs vous donnent froid dans le dos. Vite ! Dépêchez-vous de trouver un abri pour la nuit ! À la lueur de votre torche, vous apercevez au pied d'une falaise l'entrée d'une grotte. Courez vite vous y réfugier !

Vous cheminez tant bien que mal dans un labyrinthe de couloirs et finissez par aboutir dans une salle immense. Vous cherchez un petit coin confortable pour dormir quand, soudain, un ours surgit de la pénombre, en position d'attaque ! Affolé, vous faites volte-face, mais un rhinocéros et un lion aux airs agressifs vous bloquent le chemin ! Vous êtes encerclé...

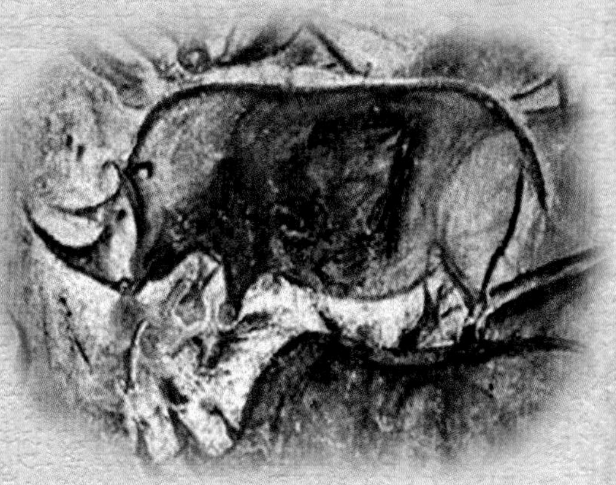

Comme c'est étrange ! Non seulement tous ces gros animaux semblent figés sur place, mais ils sont complètement silencieux. Vous n'entendez que l'écho de votre respiration haletante. Approchez votre torche de la paroi. Ces êtres féroces sont prisonniers de la roche !

Bien qu'horribles, ces bêtes, ou plutôt leurs représentations, sont parmi les premiers chefs-d'œuvre de l'humanité... Sur les parois de cette grotte, les hommes et les femmes de la préhistoire ont reproduit en jaune, en rouge et en noir une multitude de gros animaux. Ils espéraient peut-être, par ce rituel, favoriser la chasse ou se protéger des bêtes dangereuses. Ainsi naquit la peinture, il y a plus d'une trentaine de milliers d'années.

LA GROTTE CHAUVET-PONT-D'ARC

Le 18 décembre 1994, les spéléologues (ou spécialistes des grottes) Jean-Marie Chauvet, Éliette Brunel-Deschamps et Christian Hillaire firent une découverte extraordinaire. La grotte qu'ils exploraient, près de la localité de Vallon-Pont-d'Arc, dans le sud-est de la France, était ornée de centaines de gravures et peintures préhistoriques. Des figures d'animaux tels que le rhinocéros, le lion, l'ours, le mammouth, le bison et le cheval avaient résisté aux assauts du temps. Vieilles de plus de 30 000 ans, ces peintures magnifiquement préservées sont, jusqu'à ce jour, les plus anciennes du monde !

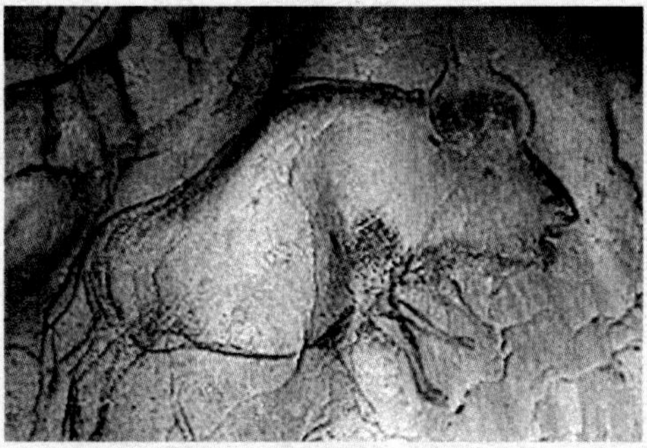

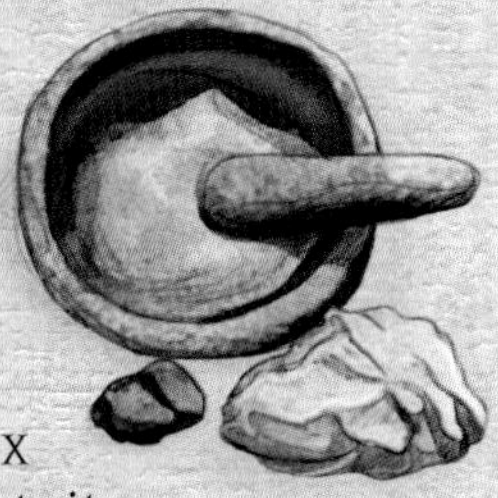

Les humains concoctèrent les premières peintures à partir de minéraux de diverses couleurs, broyés et mêlés à de l'eau. Le charbon de bois servait à produire le pigment noir alors que la rouille et l'argile étaient utilisées pour le rouge et le jaune. Pour que la peinture adhère mieux aux rochers et aux parois des cavernes, on ajoutait à ces pigments un liant, comme de la gomme provenant des arbres ou de la graisse animale. Le mélange était le plus souvent appliqué à la main ou avec un pinceau rudimentaire fait de brindilles ou de poils d'animaux.

Avec le temps, les pigments se diversifièrent. On employa non seulement des minéraux réduits en poudre, mais aussi des végétaux broyés et même des résidus d'animaux pour élaborer une vaste gamme de couleurs. Par exemple, la racine de garance (une plante) et la cochenille (un insecte minuscule) furent utilisées pour créer deux nuances de rouge. Vers la fin du Moyen Âge, les peintres se mirent à utiliser l'huile comme liant. La peinture à l'huile séchait lentement, ce qui permettait aux artistes d'appliquer plusieurs couches successives et de retoucher leurs tableaux.

La jeune fille à la perle
Huile sur toile, Jan Vermeer

Au 20e siècle, les progrès de la chimie ont permis l'apparition de la peinture synthétique (à l'acrylique). Celle-ci peut être appliquée directement sur toutes sortes de supports et ses couleurs éclatantes ne se détériorent pas avec le temps. Plus encore, certains artistes ont aujourd'hui troqué leur pinceau contre une souris. Ils créent des images sur des écrans d'ordinateur affichant des millions de couleurs. Malgré tous ces progrès, on retrouve toujours sur les rochers, les trottoirs et les bâtiments qui nous entourent des graffitis et des peintures murales qui nous rappellent les lointaines origines de l'art…

Profitez de votre séjour dans le sud de la France pour aller vous prélasser sur les plages de la célèbre Côte d'Azur, au bord de la mer Méditerranée. Ouvrez l'œil, car sur le littoral se cachent de nombreux petits trésors marins : des éponges, des oursins, des étoiles de mer et une multitude de coquillages colorés. Ouvrez une huître ! Qui sait ? Elle pourrait contenir une perle ou, mieux, une lettre de l'énigme : **la troisième lettre du nom de la localité près de laquelle furent trouvées, en 1994, les plus anciennes peintures**.

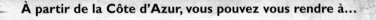

À partir de la Côte d'Azur, vous pouvez vous rendre à...

3
Paris, France
700 km
l'an 1895

Utilisez une montgolfière et volez en douceur jusqu'à la **page 23** ←

Les frères Joseph et Jacques-Étienne Montgolfier furent les inventeurs du ballon à air chaud, le premier engin à pouvoir s'élever dans le ciel ! En 1783, les premiers passagers, un mouton, un coq et un canard, effectuèrent un vol de 9 km au-dessus de la ville de Paris, en France.

6
Lausanne, Suisse
350 km
l'an 1948

Prenez le volant de la *Jamais-Contente* et foncez vers la **page 85** ←

Le 29 avril 1899, sur la piste d'Achères, près de Paris, le Belge Camille Jenatzy battit le record de vitesse automobile à bord d'un véhicule électrique baptisé la *Jamais-Contente*. Il franchit, pour la première fois, la barre des 100 km/h !

8
Pontecchio, Italie
350 km
l'an 1895

Décollez à bord de l'hydravion de Henri Fabre et posez-vous sur un lac de la **page 59** ←

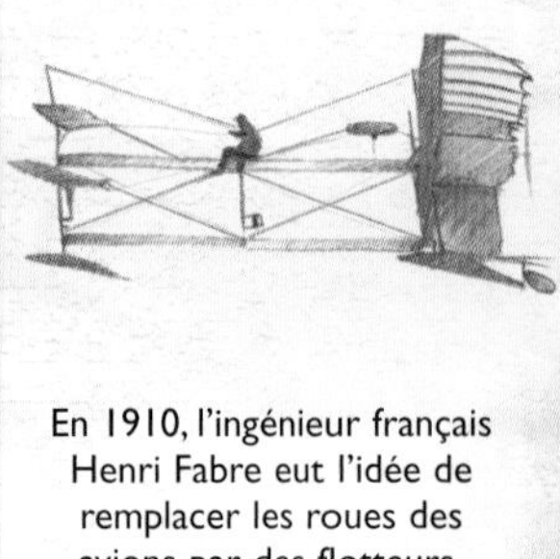

En 1910, l'ingénieur français Henri Fabre eut l'idée de remplacer les roues des avions par des flotteurs. Son drôle d'appareil, qu'il baptisa hydravion, pouvait décoller et atterrir sur l'eau !

21
Changan, Chine
l'an –200

Vous êtes au cœur d'un splendide jardin chinois. À votre droite, un ruisseau dégringole une colline et se jette dans un étang rempli de nénuphars. Des pins et des bambous projettent leurs ombres majestueuses sur un pont de pierre enjambant le ruisseau. Tout est si tranquille... Soudain, vous entendez un bruit étrange : crounch crich crunch mnum mnum... On croirait entendre des gens qui mangent. Le son provient du petit pavillon, là-bas, près des abricotiers en fleur. La gourmandise vous attire vers ce bâtiment. Entrez donc !

Le bruit se fait de plus en plus fort : crounch crich crunch crich mnum mnum... Suivez-le ! Le grignotement provient de la pièce du fond. Est-ce un banquet, un énorme festin ? À pas feutrés, vous vous approchez et jetez un coup d'œil dans la pièce. Vous êtes stupéfait ! Ce n'est pas du tout un banquet. Enfin, pas celui que vous espériez...

Devant vous, installées sur un lit douillet, des milliers de chenilles dévorent goulûment des tonnes de feuilles vertes. Vous pensez : « Quels goinfres ! ». Mais ayez quand même un peu de respect, car ces chenilles gourmandes valent leur pesant d'or. Sachez que ces petites bêtes sont à l'origine d'un tissu doux, lisse, léger et extrêmement somptueux : la soie.

•••

Selon une vieille légende, l'histoire de la soie débuta il y a près de 4500 ans, en Chine. Installée dans son jardin, l'impératrice Si-Ling-Chi, qui s'apprêtait à prendre le thé sous un mûrier, eut la surprise de trouver un cocon de chenille dans son breuvage. En voulant le retirer, elle tira un fil du cocon et le déroula. Elle réalisa ensuite que ce long fil, une fois tissé, pouvait donner une étoffe de soie somptueuse. On raconte que l'impératrice développa par la suite la sériciculture, une technique qui consiste à élever des chenilles (appelées vers à soie) en vue de la production de soie.

La soie devint rapidement très importante dans l'économie de la Chine. D'abord produit de luxe réservé aux riches, le vêtement de soie fit bientôt partie de la garde-robe des Chinois moins fortunés. La renommée de l'étoffe voyagea jusqu'aux pays avoisinants et même jusqu'en Europe. Un long chemin, baptisé route de la soie, relia alors la Chine au Moyen-Orient. Les caravanes de marchands parcoururent des milliers de kilomètres sur cette route pour faire le commerce du précieux tissu avec les Arabes et les Européens. Comme ils étaient seuls à connaître le secret de sa fabrication, les Chinois vendaient la soie à prix d'or. En Chine, quiconque osait révéler le procédé à un étranger risquait la peine de mort !

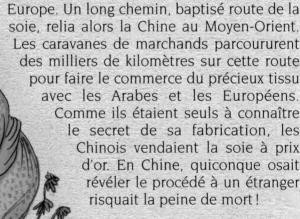

Il y a près de 1 500 ans, des moines revenant d'un voyage en Chine ramenèrent en cachette des œufs de vers à soie à Constantinople, une ville située à la frontière entre l'Europe et l'Asie. Le mystère qui entourait la fabrication de la soie fut alors dévoilé et on commença à pratiquer la sériciculture ailleurs dans le monde. Malgré cela, la Chine est encore aujourd'hui l'un des plus gros producteurs de soie.

LE BOMBYX DU MÛRIER

La soie est fabriquée par la chenille d'un papillon de nuit, le bombyx du mûrier. Ce papillon pond des centaines d'œufs. De ceux-ci, naissent des chenilles affamées. Ce sont les vers à soie. À peine éclos, les jeunes vers commencent à manger. Ils avalent des tonnes de feuilles de mûrier, jour et nuit. Au bout de 50 jours, ils sont 9 000 fois plus gros qu'à leur naissance et commencent à tisser un énorme cocon blanc. Ce cocon, une fois trempé dans l'eau chaude et déroulé, fournit un long filament utilisé pour confectionner des étoffes de soie.

L'Extrême-Orient offre des paysages poétiques qu'il faut apprécier à bicyclette, le mode de transport préféré des Chinois. Couvrez-vous la tête d'un chapeau conique et roulez entre les rizières et les nombreux pics montagneux couverts de brume. Vous rencontrerez sur votre chemin de magnifiques pagodes aux toits retroussés et peut-être un sage aux yeux souriants qui vous dévoilera une lettre de l'énigme : **la deuxième lettre du nom du tissu développé par l'impératrice Si-Ling-Chi**.

À partir de Changan, vous pouvez vous rendre à...

22
Bianliang, Chine
500 km
11e siècle

Demandez au conducteur d'un rickshaw de vous tirer jusqu'à la
page 89 ←

Les rickshaws sont des voiturettes munies de deux larges roues et de brancards. Tirés par des hommes, ils peuvent parcourir une cinquantaine de kilomètres par jour, de quoi épuiser le plus vaillant des conducteurs !

24
Melbourne, Australie
8 500 km
l'an 1978

Courez sur une colline avec un deltaplane et élancez-vous dans le ciel tel un oiseau jusqu'à la
page 149 →

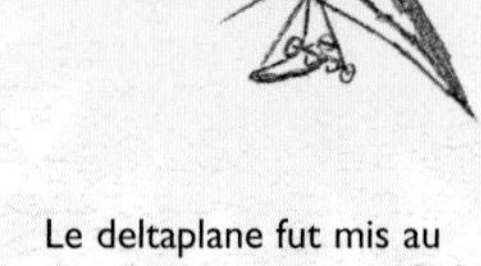

Le deltaplane fut mis au point dans les années 1960 par l'ingénieur australien John Dickenson. Ses ailes flexibles en forme de triangle et sa barre de contrôle permettent au pilote de voler tel un aigle à des centaines de mètres au-dessus du sol !

20
Ujjayini, Inde
3 500 km
5e siècle

Saisissez un cerf-volant et laissez le vent vous pousser (ne lâchez pas prise !) jusqu'à la
page 55 ←

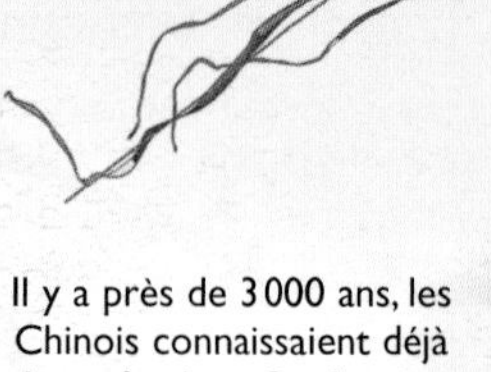

Il y a près de 3 000 ans, les Chinois connaissaient déjà le cerf-volant. Ce dernier servait à attirer l'attention des esprits lors de cérémonies religieuses. On raconte que certains cerfs-volants étaient alors si grands qu'ils pouvaient transporter une personne !

15

Swartkrans, Afrique du Sud
l'an –1 500 000

Dans la vaste prairie africaine, le temps est chaud et sec depuis des mois. Les points d'eau sont rares, le gibier aussi. Avec l'énergie du désespoir, vous partez en expédition de chasse avec quelques membres de votre horde. Après des kilomètres de marche dans la brousse, le ciel s'obscurcit. Soudain, une... deux... trois... quatre bêtes foncent droit sur vous. Le sol se met à trembler. Bientôt, un gigantesque troupeau d'animaux apeurés galope dans votre direction. Vite! Courez vous mettre à l'abri! Pourquoi tous ces animaux cherchent-ils à fuir la vallée? Regardez au loin. Un énorme monstre rugissant les poursuit.

Vous connaissez bien ce monstre. Il est rapide comme le guépard et aussi dévastateur qu'un essaim de sauterelles. Vous savez aussi que cette terrifiante créature possède un appétit effroyable et avale tout sur son chemin! Pourtant, dans un élan de courage, vous courez dans sa direction, décidé à dompter ce monstre malgré les protestations des autres chasseurs.

Après quelques jours, vous revenez triomphant vers votre tribu. Au bout de votre bâton se trouve une flamme vacillante. Vous avez réussi. Vous avez capturé… le feu !

DÉCOUVERTE ARCHÉOLOGIQUE

L'un des plus vieux indices de l'utilisation du feu par l'homme fut découvert dans la grotte de Swartkrans, en Afrique du Sud. En effet, des os fossilisés démontrent que des ancêtres des humains, réunis dans cette grotte il y a de cela 1,5 million d'années, y auraient fait cuire une antilope !

Il y a très longtemps, l'homme craignait le feu car il n'était rien de plus qu'un élément destructeur qui pouvait embraser des forêts entières ! Puis, les humains découvrirent les qualités du feu et ce dernier devint rapidement un élément très précieux. Il permettait notamment aux femmes et aux hommes préhistoriques d'éloigner les bêtes féroces et de se protéger du froid. De plus, la lueur de la flamme permettait de vaquer aux occupations quotidiennes, même dans l'obscurité. Les grottes, auparavant inaccessibles en raison de leur noirceur, devinrent des foyers confortables. Grâce au feu, les humains commencèrent à faire cuire les aliments. La chair cuite avait bien meilleur goût et se digérait beaucoup mieux ! Enfin, le feu devint fort utile dans la confection des outils, la flamme durcissant les pointes des lances de bois et facilitant la taille de la pierre.

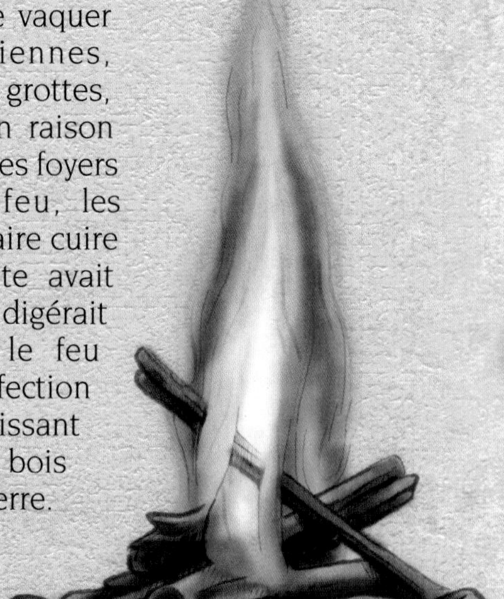

Au début, les humains étaient incapables de produire du feu. C'est grâce à des éléments naturels, tels que les feux de brousse allumés par la foudre, que les plus téméraires arrivaient à ramener une flamme à leur campement, à l'aide d'un bout de bois. Ils devaient alors veiller sur elle, nuit et jour, en la nourrissant de bois pour qu'elle ne s'éteigne pas. Les humains commencèrent à produire leur propre feu, il y a environ 500 000 ans. Ils réalisèrent en effet qu'ils pouvaient faire naître des étincelles en frappant deux pierres ensemble ou en faisant pivoter rapidement un morceau de bois sur un autre.

Encore aujourd'hui, des centaines de milliers d'années plus tard, l'étincelle qui allume la flamme d'un briquet est créée par le frottement d'une roulette sur une pierre. On reconnaît ici le vieux principe découvert par les hommes préhistoriques !

LES PREMIÈRES LAMPES

Il y a plus de 15 000 ans, les hommes et les femmes préhistoriques eurent l'idée de remplir une pierre creusée ou un coquillage avec des substances végétales imbibées de graisse animale. Comme ce type de combustible, une fois allumé, se consume lentement, il permit l'apparition d'un éclairage portatif et durable. La lampe était née !

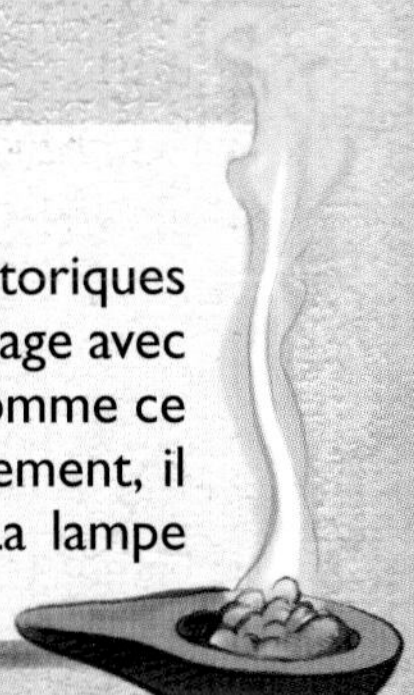

Profitez de votre voyage en Afrique du Sud pour visiter un kraal, un village zoulou. Autour du feu, ce peuple africain plein d'entrain vous fera danser et chanter au rythme de percussions endiablées. Tendez l'oreille, car entre deux coups de tam-tam retentira peut-être une lettre de l'énigme : **la quatrième lettre du nom de la grotte où ont été découverts les plus vieux indices de l'utilisation du feu.**

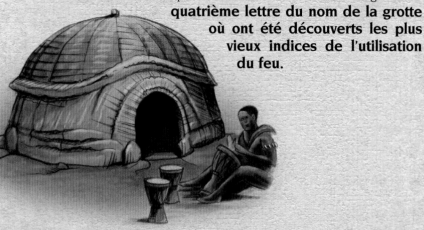

À partir de l'Afrique du Sud, vous pouvez vous rendre à...

34
Amazonie, Brésil
10 000 km
18e siècle

Partez à la découverte de nouveaux territoires à bord d'une caravelle et débarquez à la **page 103** ←

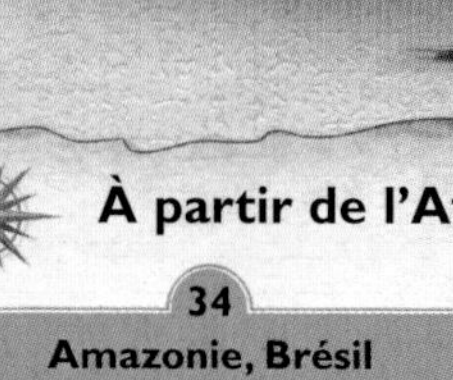

En route vers le Nouveau Monde... Les caravelles étaient des voiliers utilisés au 15e et 16e siècles par les marins portugais et espagnols pour faire de longues expéditions en haute mer. C'est à bord d'une caravelle que Christophe Colomb découvrit l'Amérique, en 1492.

14
gorges d'Olduvai, Tanzanie
2 500 km
l'an –2 500 000

Usez un peu vos souliers ! Marchez jusqu'à la **page 15** ←

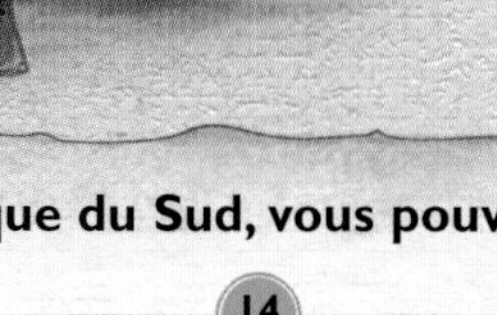

Au cours de la préhistoire, les grandes migrations de populations d'un continent à l'autre se firent... à la marche ! Aujourd'hui encore, le plus vieux mode de transport demeure le plus simple, le plus économique et... le plus écologique !

24
Melbourne, Australie
10 000 km
l'an 1978

Faites vrombir les moteurs du bateau-fusée *Spirit of Australia* et foncez vers la **page 119** ←

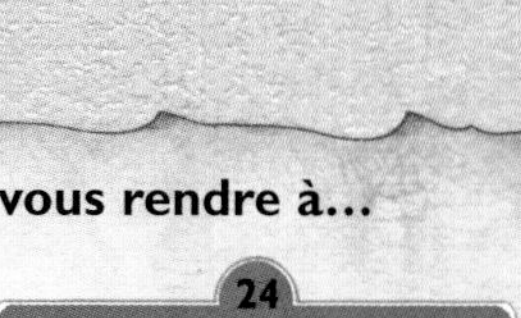

En 1978, l'Australien Kenneth Warby battit tous les records de vitesse sur l'eau. À bord du *Spirit of Australia*, un bateau-fusée propulsé par des moteurs à réaction, il atteignit 514 km/h !

29

New York, États-Unis
l'an 1854

Regardez en direction du port. Ils sont des centaines, peut-être des milliers de personnes, à débarquer chaque jour sur le quai ! Ils quittent, sur de gros bateaux, la misère européenne pour une Amérique pleine de promesses, pleine de libertés… Vous êtes à New York, porte d'entrée des États-Unis. New York, ville multicolore, aux multiples accents et aux multiples rêves…

À Manhattan, au coin de la 5e Avenue et de la 42e Rue, vous êtes soudainement englouti par une foule excitée qui se rue vers un curieux et gigantesque bâtiment tout en verre. Des hommes coiffés de chapeaux hauts de forme attirent les gens à l'intérieur de l'édifice :

— Entrez ! Entrez dans le Palais de cristal ! Entrez voir l'Exposition universelle !

À l'intérieur, tous les yeux sont rivés sur un drôle de manège, au centre de la foire. Là, une plate-forme s'élève tranquillement, hissée par un énorme câble. À bord de la plate-forme se trouve un homme, Elisha Otis, visiblement plus confiant que les spectateurs qui le fixent... Parvenu à une hauteur d'une douzaine de mètres, il ordonne à son assistant de couper à la hache le câble qui maintient la plate-forme. La foule retient son souffle.

Schlak! Une spectatrice crie...

... mais la plate-forme, immobile, ne s'écrase pas au sol!

— Tout va bien, mesdames et messieurs! dit calmement Otis, souriant, toujours juché sur son piédestal.

Elisha Otis vient d'inventer un système de freinage automatique pour les monte-charge, bref le premier modèle sécuritaire de ce qu'on appelle aujourd'hui « l'ascenseur ». Allez! Faites comme tout le monde autour de vous et applaudissez... car cet événement en apparence banal est sur le point de transformer le visage des villes!

Auparavant, la hauteur des immeubles était limitée à quatre ou cinq étages, soit le nombre de marches d'escalier que les gens pouvaient grimper sans trop se fatiguer. Avec l'ascenseur sécuritaire pour passagers, mis au point par Otis, les immeubles pouvaient dorénavant s'élever pour aller gratter le ciel !

Elisha Otis n'a pas inventé le monte-charge, qui existe depuis la nuit des temps. Rudimentaire et très dangereux, ce dernier était surtout réservé au déplacement de marchandises. Mais avec l'ascenseur conçu par Otis, les humains pouvaient à leur tour s'élever dans les airs, en toute sécurité.

Trois ans après son épatante démonstration au Palais de cristal, Elisha Otis installa le premier ascenseur pour passagers dans un grand magasin, au coin des rues Broadway et Broome. Fonctionnant à la vapeur, cet ascenseur pouvait grimper 12 mètres en une minute.

Aujourd'hui, les ascenseurs transportent en trois jours l'équivalent de la population mondiale, soit près de six milliards d'individus ! Certains gratte-ciel comptent plus de 100 étages et leurs multiples ascenseurs électriques grimpent à des vitesses qui dépassent 500 mètres par minute !

FONCTIONNEMENT DU DISPOSITIF DE SÉCURITÉ D'OTIS

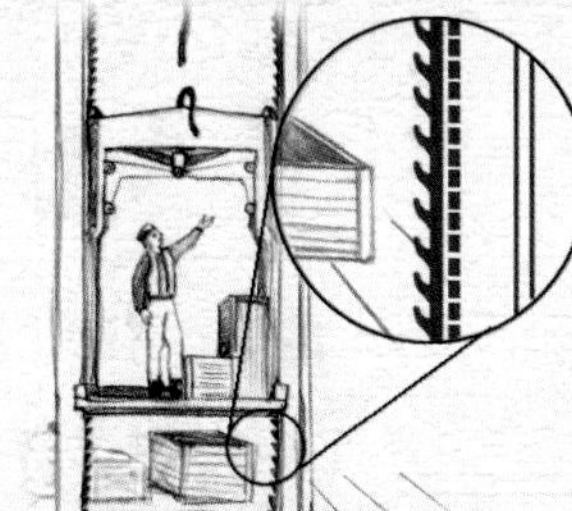

Des rails dentelés longent les parois de l'ascenseur. Lorsque le câble maintenant la plate-forme se rompt, un ressort libère automatiquement des griffes qui s'agrippent aux dents des rails et empêchent la cage d'ascenseur de tomber.

Cette histoire riche en émotions vous a creusé un peu l'appétit ? Tiens, voilà justement un marchand de rue :

— *Hot dog* ! *Popcorn* ! *Peanuts* !

Il vous offre, en plus d'un bretzel, une lettre de l'énigme : **la première lettre du nom de famille de l'inventeur de l'ascenseur sécuritaire.**

De New York, vous pouvez vous rendre à…

30
Boston, É.-U.
300 km
l'an 1876

Utilisez le sous-marin *Turtle* et enfoncez-vous lentement jusqu'à la **page 7** ←

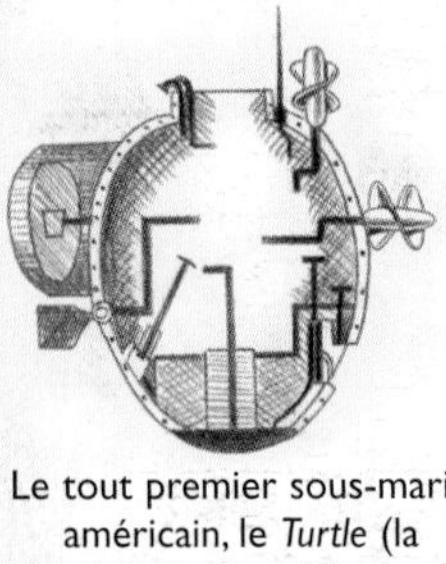

Le tout premier sous-marin américain, le *Turtle* (la Tortue), de David Bushnell, fonctionnait à l'aide d'une sorte de pédalier actionné par les bras. Il fut construit en 1776, lors de la guerre d'Indépendance, dans le but d'attaquer un bateau britannique ancré à New York.

3
Paris, France
5 800 km
l'an 1895

Grimpez à bord de l'avion de Lindbergh, le *Spirit of Saint Louis,* et envolez-vous jusqu'à la **page 23** ←

En 1927, Charles Lindbergh fut le premier aviateur à traverser l'Atlantique en solitaire. À bord de son monoplan, il effectua sans escale le trajet New York-Paris, soit près de 6 000 km, en un peu moins de 34 heures ! À la suite de cet exploit, il devint un véritable héros national !

28
Menlo Park, É.-U.
50 km
l'an 1879

Utilisez le tout premier tramway à cheval et trottez jusqu'à la **page 71** ←

Les premiers tramways à chevaux apparurent à New York en 1832. Les rails sous le wagon diminuaient les frottements et les cahots, ce qui permettait aux chevaux de tirer davantage de passagers, dans un plus grand confort.

16

Sardes, Turquie
l'an –650

Vous voici dans le royaume de Lydie, au Moyen-Orient. Il fait une chaleur suffocante. Vous avez la gorge aussi sèche que la steppe qui se déploie devant vous. Ici et là, un pin ou un olivier rabougri vient briser la monotonie du paysage. Écoutez. Entendez-vous au loin ce chant mélodieux ? On dirait le refrain d'un berger… En effet, un vieil homme apparaît et vient vers vous avec son troupeau. Par un heureux hasard, le vieillard, qui revient justement de la rivière, vous indique la direction à prendre pour apaiser votre soif.

Vous atteignez enfin le cours d'eau et avancez dans celui-ci pour vous rafraîchir. Au même moment, vous apercevez un petit scintillement à travers l'eau trouble… Plongez votre main au fond de l'eau. Vous touchez quelque chose… En ramenant cette chose à la surface, vous poussez un cri de stupéfaction ! Des pépites jaunes brillent au creux de votre main.

Vous avez trouvez le Pactole, une rivière remplie de pépites composées d'or et d'argent. Non seulement ces pépites rendront le royaume de Lydie extrêmement riche, mais elles sont à la base d'une invention qui marquera à jamais l'humanité: la monnaie!

•••

Avant l'invention de la monnaie, les gens faisaient du troc, ce qui veut dire qu'ils échangeaient un objet ou un service contre un autre. Ils utilisaient aussi des biens précieux comme des coquillages, du bétail, des barres de sel ou des barres de métal pour acheter un objet ou un service. Mais ce système n'était pas parfait. Le bétail pouvait être très encombrant et les objets comme les barres de métal devaient constamment être pesées pour déterminer leur valeur.

La première vraie monnaie apparut en Lydie (Turquie actuelle), en l'an –650. Elle était faite à partir de boulettes aplaties d'électrum, un alliage naturel d'or et d'argent qu'on recueillait en grande quantité dans le Pactole. La monnaie était frappée d'un côté, avec le symbole représentant le roi de Lydie, et de l'autre, avec la marque de l'État, garantissant le poids et la valeur de la pièce.

monnaie lydienne

Ce système très pratique fut vite adopté par les pays voisins de la Lydie. Entre l'an –600 et –200, des centaines de cités et de chefs d'État commencèrent à fabriquer leur propre monnaie. L'argent rendit les échanges beaucoup plus faciles et les transactions se multiplièrent.

monnaie gauloise

monnaie macédonienne

Vers l'an –300, les Grecs inventèrent une nouvelle forme de monnaie: la lettre de change. Cette lettre, considérée comme l'ancêtre du chèque, était remise aux commerçants qui déposaient de l'argent dans une banque. La lettre pouvait ensuite être échangée contre un montant d'argent dans n'importe quelle autre banque du pays. En n'ayant pas d'argent sonnant dans leurs bagages, les commerçants voyageaient l'esprit tranquille, sans craindre les voleurs !

papier monnaie chinois

Le papier monnaie, plus léger et compact que les pièces de monnaie, apparut en Chine, au Moyen Âge. Sa valeur était certifiée par l'État chinois, qui apposait son sceau sur les billets.

Aujourd'hui, l'argent « de plastique » est en voie de remplacer la monnaie et les billets. Les cartes de crédit et les cartes de débit permettent en effet d'acheter sans même avoir un sou dans ses poches !

carte de débit

terminal de paiement électronique

RICHE COMME CRÉSUS

Il y a plus de 2 500 ans, Crésus, le roi de Lydie, réussit à séparer l'or et l'argent contenus dans l'électrum. Il frappa alors les premières pièces d'or et d'argent pur. Il devint si riche qu'encore aujourd'hui, une expression populaire lui est dédiée : « Être riche comme Crésus ».

Allez faire un tour dans la vallée de la Cappadoce, située au centre de la Turquie. Parmi d'étranges cônes volcaniques appelés « cheminées de fées », vous trouverez des maisons creusées directement dans la roche et même des villes souterraines. Celles-ci dissimulent peut-être une lettre de l'énigme : **la cinquième lettre du nom du royaume où a été inventée la monnaie.**

À partir de la Turquie, vous pouvez vous rendre à...

12
Alexandrie, Égypte
800 km
l'an –250

Tenez les rênes d'un char égyptien et guidez les chevaux jusqu'à la
page 81 ←

Les chars furent introduits en Égypte vers l'an –1600. Légères et rapides, ces voiturettes tirées par des chevaux pouvaient transporter le conducteur et un guerrier.

10
Syracuse, Italie
1 200 km
l'an –212

Montez sur un vaisseau phénicien et faites voile vers la
page 97 ←

Au cours du 2e millénaire avant notre ère, les Phéniciens (un peuple établi sur la côte est de la Méditerranée) dominaient la mer en raison de leur puissante flotte de navires guerriers et marchands.

17
Kish, Irak
1 600 km
l'an –3000

Installez-vous sur un traîneau mésopotamien et laissez-vous tirer jusqu'à la
page 29 ←

Les traîneaux furent parmi les premiers modes de transport terrestre. Utilisés en Mésopotamie (Irak actuel) vers l'an –5000, ils servaient à déplacer des objets lourds. Ces traîneaux n'étaient d'abord que des planches de bois munies de cordes. Plus tard, on leur ajouta des patins pour réduire le frottement au sol.

Changan, Chine

Attendez ! Le deltaplane est un sport qui se pratique par beau temps et en terrain sûr. Comment espérez-vous traverser des milliers de kilomètres au-dessus d'un océan et atteindre l'Australie sans rencontrer d'intempéries ? Une rafale violente ou un nuage de pluie peut vous faire piquer du nez ! Choisissez un autre moyen de transport à la page 136.

océan Indien

La flotte de Zheng He met le cap sur la Chine, mais au large de l'Inde, alors que vous traversez une panoplie d'îles exotiques, vous apercevez des navires inconnus. Attention ! Ce sont des pirates ! Du calme… L'amiral Zheng He possède un équipage de plusieurs milliers d'hommes et aura le dessus sur ces bandits. Mais ceux-ci vous retardent tout de même au point où vous devez changer votre itinéraire et débarquer en Inde, à la page 55.

9
Florence, Italie
l'an 1505

Bienvenue dans la magnifique ville de Florence, en Italie. Admirez autour de vous les églises colorées, les palais somptueux et les statues d'hommes au corps parfait ! Alors que vous déambulez dans cette ville rayonnante de beauté, vous apercevez un croquis dans le bassin d'une fontaine. Le dessin représente une sorte d'homme-poisson vêtu pour aller sous l'eau. Soudain, une rafale de vent fait voltiger une autre feuille. Attrapez le nouveau croquis ! Il représente cette fois un homme-oiseau, affublé de gigantesques ailes artificielles. Ces étranges dessins proviennent d'une fenêtre ouvrant sur un atelier. Entrez.

Alors que vous ouvrez tranquillement la porte, vous tombez nez à nez avec une élégante dame, qui vous sourit timidement avant de se faufiler dans la rue. Quel sourire ! Une fois à l'intérieur, vous découvrez des tonnes de bouts de papier éparpillés un peu partout. Ici, le plan d'une église à neuf coupoles ! Le maître de cet atelier serait-il un architecte dément ? Et là, vous retrouvez le portrait de la femme que vous avez croisée. Elle semble vivante tant l'expression de son visage est douce et vraie. Le propriétaire de l'endroit serait donc un peintre prodigieux ! À moins qu'il ne soit ingénieur, avec tous ces croquis de machines ?! Mais qui donc est cet individu ?

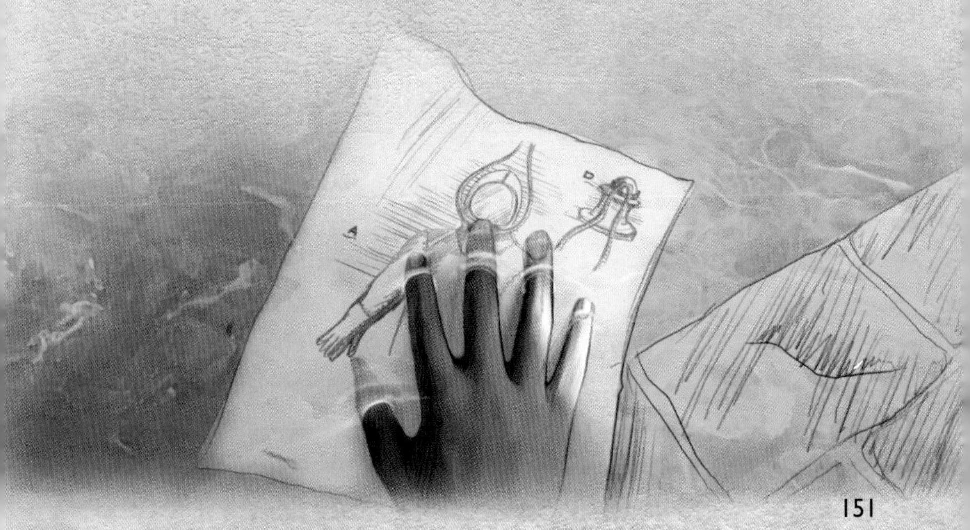

C'est alors que vous déterrez sous une pile de notes un épais carnet. Sur la couverture, une signature : Leonardo da Vinci !

Vous êtes dans l'atelier de l'un des plus grands génies de tous les temps ! Peintre, dessinateur, sculpteur, architecte, ingénieur, mathématicien, biologiste, astronome, géologue, musicien et metteur en scène, Léonard de Vinci maîtrise à peu près toutes les disciplines de son époque.

•••

Léonard l'artiste peignit une vingtaine de chefs-d'œuvre, dont la célèbre Joconde avec son sourire énigmatique. Léonard l'architecte imagina la cité idéale, avec des rues superposées. Léonard le scientifique étudia les étoiles, les marées, la formation des continents, le développement des fossiles et la constitution des plantes, des animaux et du corps humain. Léonard l'ingénieur se passionna pour la mécanique et les engrenages compliqués. En avance sur son époque, il dessina des inventions modernes comme le planeur, l'hélicoptère, le parachute, la combinaison de plongée, le bateau à aubes, les portes d'écluses, le char d'assaut et le pont mobile.

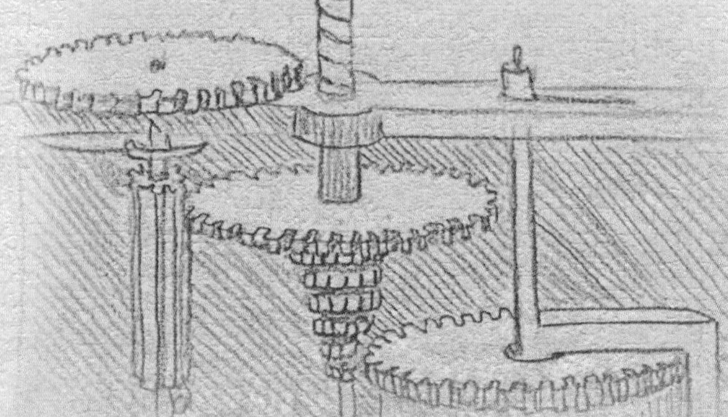

Dans toutes ses découvertes, Léonard était inspiré par son amour de la nature. Carnet de croquis en main, il étudiait attentivement les objets et les êtres vivants qui l'entouraient. Grâce à son œil exceptionnel, il les reproduisait dans leurs moindres détails. Ainsi, en observant le vol des oiseaux, Léonard imagina des machines volantes !

> *« Les inventions humaines, dans toutes leurs variétés et leurs subtilités, ne seront jamais plus belles, plus simples et plus efficaces que les inventions de la nature. Car dans la nature, rien ne manque et rien n'est superflu. »*
>
> ***Léonard de Vinci***

Ce grand génie mourut à 67 ans sans n'avoir jamais publié ses idées. En tout, plus de 6 000 dessins et croquis de Léonard furent retrouvés et réunis. Peu de ses inventions furent testées et construites de son vivant, mais ses ébauches sont si claires qu'on peut aujourd'hui en construire des maquettes qui fonctionnent !

L'ÉTRANGE ÉCRITURE DE LÉONARD

Pour des raisons encore obscures, Léonard écrivait la plupart de ses notes de droite à gauche et à l'envers. Essayez de déchiffrer l'écriture suivante en la regardant dans un miroir…

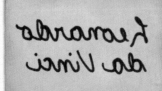

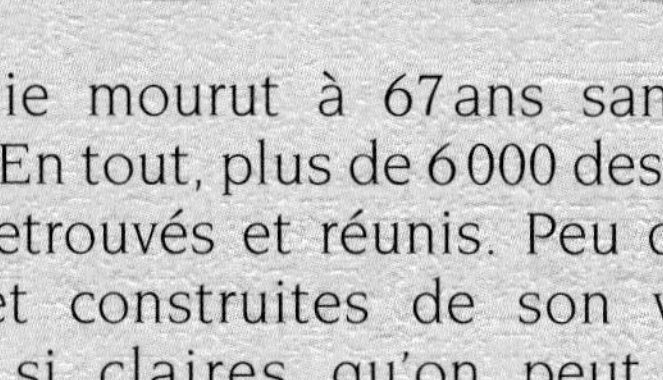

En quittant Florence, prenez le temps de visiter la belle région de Toscane et faites la *dolce vita* (la belle vie, quoi) ! Baladez-vous à travers les belles collines parsemées de cyprès, de vignes et d'oliviers. Puis, faites un détour vers Pise pour admirer la célèbre tour penchée !

À partir de la Toscane, vous pouvez vous rendre à...

8
Pontecchio, Italie
100 km
l'an 1895

Hissez-vous à bord de l'hélicoptère de Léonard de Vinci et espérez qu'il décolle en direction de la

page 59 ←

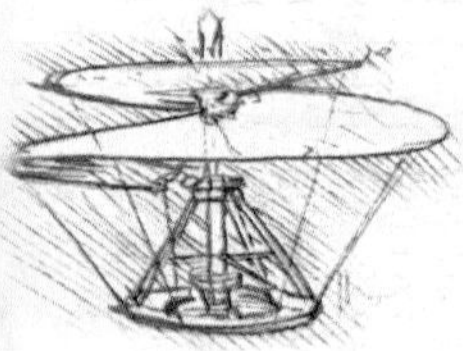

Vers 1500, Léonard de Vinci dessina les plans d'un engin qui ressemble étrangement à nos hélicoptères d'aujourd'hui. Il ne testa toutefois pas son appareil. Il faudra attendre plus de 400 ans pour voir le premier hélicoptère voler.

10
Syracuse, Italie
700 km
l'an –212

Laissez-vous gagner par le romantisme et empruntez une gondole jusqu'à la

page 97 ←

Les gondoliers promènent les amoureux sur les canaux de Venise, en Italie. La règle veut que les gondoles soient peintes en noir, qu'elles mesurent 10,85 m de long et que leur moitié droite soit plus étroite que leur moitié gauche de quelques centimètres...

4
Vallon-Pont-d'Arc, France
500 km
l'an –30 000

Chevauchez la bicyclette Grand-Bi et gardez l'équilibre jusqu'à la

page 80 ←

En 1882, le Français Armand Peugeot conçut le Grand-Bi, un drôle de vélocipède dont la roue avant était trois fois plus grande que la roue arrière ! En augmentant ainsi la taille de la roue avant, où étaient fixées les pédales, Peugeot voulait accroître la vitesse de l'engin...

Les grandes découvertes et inventions

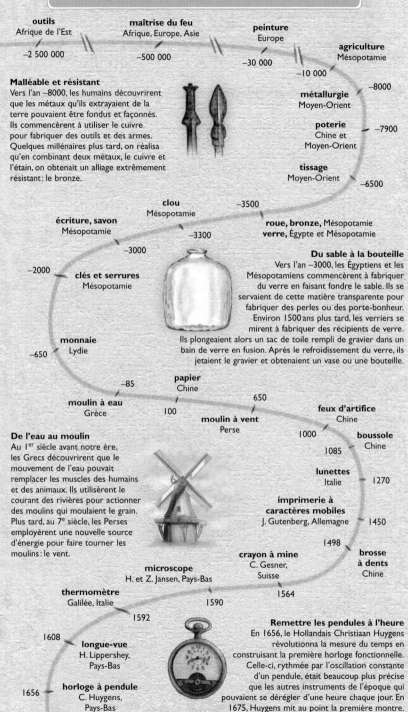

outils
Afrique de l'Est
–2 500 000

maîtrise du feu
Afrique, Europe, Asie
–500 000

peinture
Europe
–30 000

agriculture
Mésopotamie
–10 000

Malléable et résistant
Vers l'an –8000, les humains découvrirent que les métaux qu'ils extrayaient de la terre pouvaient être fondus et façonnés. Ils commencèrent à utiliser le cuivre pour fabriquer des outils et des armes. Quelques millénaires plus tard, on réalisa qu'en combinant deux métaux, le cuivre et l'étain, on obtenait un alliage extrêmement résistant : le bronze.

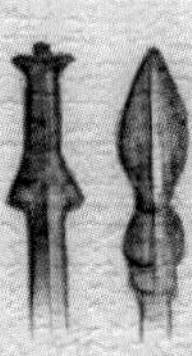

–8000
métallurgie
Moyen-Orient

–7900
poterie
Chine et
Moyen-Orient

–6500
tissage
Moyen-Orient

–3500
roue, bronze, Mésopotamie
verre, Égypte et Mésopotamie

–3300
clou
Mésopotamie

–3000
écriture, savon
Mésopotamie

–2000
clés et serrures
Mésopotamie

Du sable à la bouteille
Vers l'an –3000, les Égyptiens et les Mésopotamiens commencèrent à fabriquer du verre en faisant fondre le sable. Ils se servaient de cette matière transparente pour fabriquer des perles ou des porte-bonheur. Environ 1500 ans plus tard, les verriers se mirent à fabriquer des récipients de verre. Ils plongeaient alors un sac de toile rempli de gravier dans un bain de verre en fusion. Après le refroidissement du verre, ils jetaient le gravier et obtenaient un vase ou une bouteille.

–650
monnaie
Lydie

–85
moulin à eau
Grèce

100
papier
Chine

650
moulin à vent
Perse

1000
feux d'artifice
Chine

1085
boussole
Chine

1270
lunettes
Italie

1450
imprimerie à caractères mobiles
J. Gutenberg, Allemagne

1498
brosse à dents
Chine

De l'eau au moulin
Au Ier siècle avant notre ère, les Grecs découvrirent que le mouvement de l'eau pouvait remplacer les muscles des humains et des animaux. Ils utilisèrent le courant des rivières pour actionner des moulins qui moulaient le grain. Plus tard, au 7e siècle, les Perses employèrent une nouvelle source d'énergie pour faire tourner les moulins : le vent.

1564
crayon à mine
C. Gesner,
Suisse

1590
microscope
H. et Z. Jansen, Pays-Bas

1592
thermomètre
Galilée, Italie

1608
longue-vue
H. Lippershey,
Pays-Bas

1656
horloge à pendule
C. Huygens,
Pays-Bas

Remettre les pendules à l'heure
En 1656, le Hollandais Christiaan Huygens révolutionna la mesure du temps en construisant la première horloge fonctionnelle. Celle-ci, rythmée par l'oscillation constante d'un pendule, était beaucoup plus précise que les autres instruments de l'époque qui pouvaient se dérégler d'une heure chaque jour. En 1675, Huygens mit au point la première montre.

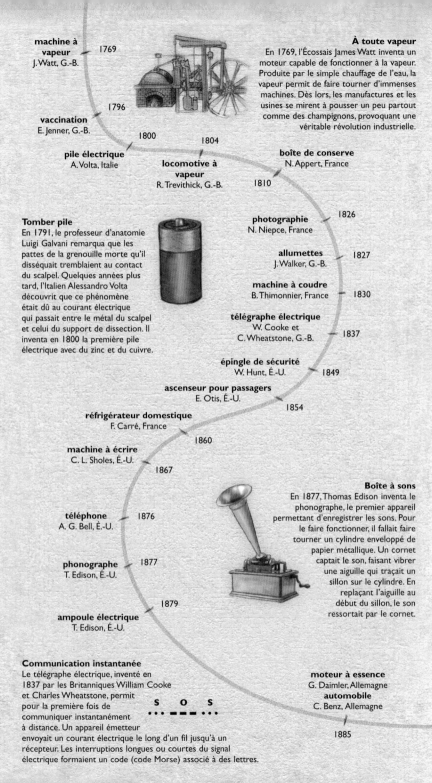

machine à vapeur 1769
J. Watt, G.-B.

À toute vapeur

En 1769, l'Écossais James Watt inventa un moteur capable de fonctionner à la vapeur. Produite par le simple chauffage de l'eau, la vapeur permit de faire tourner d'immenses machines. Dès lors, les manufactures et les usines se mirent à pousser un peu partout comme des champignons, provoquant une véritable révolution industrielle.

vaccination 1796
E. Jenner, G.-B.

pile électrique 1800
A. Volta, Italie

locomotive à vapeur 1804
R. Trevithick, G.-B.

boîte de conserve 1810
N. Appert, France

Tomber pile

En 1791, le professeur d'anatomie Luigi Galvani remarqua que les pattes de la grenouille morte qu'il disséquait tremblaient au contact du scalpel. Quelques années plus tard, l'Italien Alessandro Volta découvrit que ce phénomène était dû au courant électrique qui passait entre le métal du scalpel et celui du support de dissection. Il inventa en 1800 la première pile électrique avec du zinc et du cuivre.

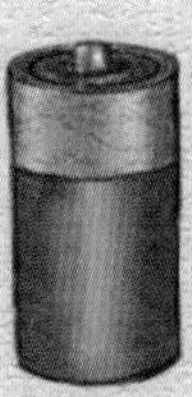

photographie 1826
N. Niepce, France

allumettes 1827
J. Walker, G.-B.

machine à coudre 1830
B. Thimonnier, France

télégraphe électrique 1837
W. Cooke et C. Wheatstone, G.-B.

épingle de sécurité 1849
W. Hunt, É.-U.

ascenseur pour passagers 1854
E. Otis, É.-U.

réfrigérateur domestique 1860
F. Carré, France

machine à écrire 1867
C. L. Sholes, É.-U.

téléphone 1876
A. G. Bell, É.-U.

phonographe 1877
T. Edison, É.-U.

ampoule électrique 1879
T. Edison, É.-U.

Boîte à sons

En 1877, Thomas Edison inventa le phonographe, le premier appareil permettant d'enregistrer les sons. Pour le faire fonctionner, il fallait faire tourner un cylindre enveloppé de papier métallique. Un cornet captait le son, faisant vibrer une aiguille qui traçait un sillon sur le cylindre. En replaçant l'aiguille au début du sillon, le son ressortait par le cornet.

Communication instantanée

Le télégraphe électrique, inventé en 1837 par les Britanniques William Cooke et Charles Wheatstone, permit pour la première fois de communiquer instantanément à distance. Un appareil émetteur envoyait un courant électrique le long d'un fil jusqu'à un récepteur. Les interruptions longues ou courtes du signal électrique formaient un code (code Morse) associé à des lettres.

S O S
••• ▬ ▬ ▬ •••

moteur à essence 1885
G. Daimler, Allemagne
automobile
C. Benz, Allemagne

Étranges rayons

En 1895, le physicien allemand Wilhelm Röntgen découvrit de mystérieuses ondes lumineuses qu'il nomma rayons X. Ceux-ci pouvaient passer à travers les organes mous du corps (peau, muscles) et noircir une plaque photographique. Comme les rayons ne traversaient pas les os, des marques blanches étaient laissées à l'emplacement de ceux-ci. Pratique pour diagnostiquer les fractures !

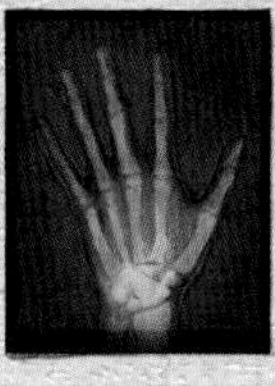

1888 **pneu** J. B. Dunlop, G.-B.

1892 **fermeture à glissière** W. Judson, É.-U.

1893 **grande roue** G. Ferris, É.-U.

1895 **rayon X,** W. Röntgen, Allemagne
radio, G. Marconi, Italie
cinéma, L. et A. Lumière, France

1896 **four électrique** W. Hadaway, É.-U.

1897 **Aspirine®** F. Hoffman, Allemagne

1901 **aspirateur** H. C. Booth, G.-B.

1925 **télévision** J. L. Baird, G.-B.
ruban adhésif R. Drew, É.-U.

1928 **pénicilline (antibiotique)** A. Fleming, G.-B.

1937 **autoneige** J.-A. Bombardier, Canada

1945 **ordinateur** P. Eckert et J. Mauchley, É.-U.

1946 **four à micro-ondes** P. L. Spencer, É.-U.

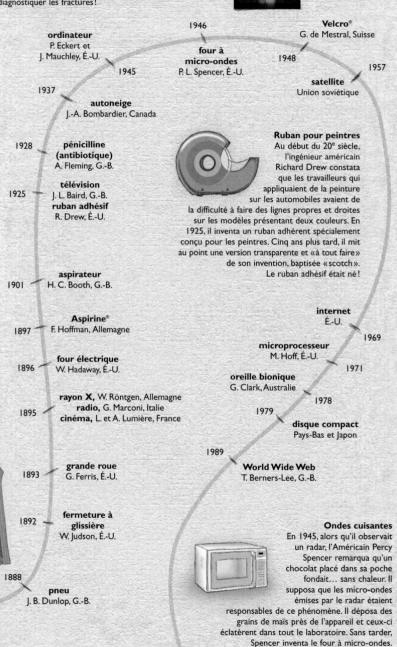

1948 **Velcro®** G. de Mestral, Suisse

1957 **satellite** Union soviétique

1969 **internet** É.-U.

1971 **microprocesseur** M. Hoff, É.-U.

1978 **oreille bionique** G. Clark, Australie

1979 **disque compact** Pays-Bas et Japon

1989 **World Wide Web** T. Berners-Lee, G.-B.

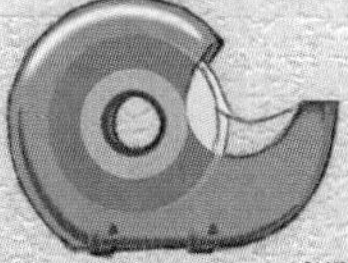

Ruban pour peintres

Au début du 20e siècle, l'ingénieur américain Richard Drew constata que les travailleurs qui appliquaient de la peinture sur les automobiles avaient de la difficulté à faire des lignes propres et droites sur les modèles présentant deux couleurs. En 1925, il inventa un ruban adhérent spécialement conçu pour les peintres. Cinq ans plus tard, il mit au point une version transparente et «à tout faire» de son invention, baptisée «scotch». Le ruban adhésif était né !

Ondes cuisantes

En 1945, alors qu'il observait un radar, l'Américain Percy Spencer remarqua qu'un chocolat placé dans sa poche fondait… sans chaleur. Il supposa que les micro-ondes émises par le radar étaient responsables de ce phénomène. Il déposa des grains de maïs près de l'appareil et ceux-ci éclatèrent dans tout le laboratoire. Sans tarder, Spencer inventa le four à micro-ondes.

Index

Caractères gras = Entrée principale

Crédits photos

p. 13 Télescope : Smithsonian Institution
p. 34 Roue de Ferris : Paul V. Galvin Library Digital History Collection
p. 39 Edward Jenner : Pictures Now
p. 50 Microprocesseur : Lotfi Mattou/ISTOCK; ENIAC : U. S. Army Photo
p. 56 Jeu d'échecs : Jean-Yves Ahern
p. 60 Guglielmo Marconi : Reproduit avec la permission de Marconi Corporation plc
p. 64 Terrasses : Kim Yaw Tong
p. 69 Astronaute : NASA
p. 72 Thomas Edison : U.S. Department of the Interior/National Park Service/ Edison National Historic Site
p. 77 Extrait de la Bible de Gutenberg : Goettingen Gutenberg Bible
p. 86 Bardane : Penelope Williamson
p. 94 Joseph-Armand Bombardier et le *B7®* : Musée Joseph-Armand Bombardier
p. 95 Modèle *C18®* : Martial Dagenais - Beaulieu Beauregard Inc, Courtiers en loisirs
p. 104 Hévéa : Mark McCracken
p. 117 Affiche de chocolat : Lucien Lefèvre, 1893
p. 130 Bison : ministère de la Culture et de la Communication, Direction régionale des affaires culturelles de Rhône-Alpes, Service régional de l'archéologie; rhinocéros : Jean Clottes
p. 142 Ascenseur : Elevator World
p. 147 Papier monnaie chinois : Calgary Coin Gallery/calgarycoin.com

Remerciements

Allison Duthie, directrice du marketing pour la vente au détail, Deeley Harley-Davidson Canada
Daniele Di Francesco, traductrice (italien-français), Go Translators
Diane Audet, adjointe à la direction, chargée de communication, Air France Canada
Glynis M. Vatland, adjoint à la direction, Aerovironment Inc.
Marie Tourchin, traductrice (anglais-français), Go Translators
Sandy Notarianni, consultante historique, Ford du Canada Limitée
Bibliothécaires des bibliothèques de Montréal (Canada)

L'énigme

N'écoutez pas avec la bouche et ne parlez pas avec l'oreille.